WordPress
Gevorderd

2026, Roy Sahupala

Belangrijke opmerking

De methodes en programma's in deze handleiding zijn zonder inachtneming van enige patenten vermeld. Ze dienen alleen maar voor amateur- en studiedoeleinden. Alle technische gegevens en programma's in dit boek zijn door de auteur met de grootste zorgvuldigheid samengesteld en na een grondige controle gereproduceerd. Toch zijn fouten niet volledig uit te sluiten. De uitgever ziet zich daarom gedwongen erop te wijzen dat ze noch enige garantie, noch enige juridische verantwoordelijkheid of welke vorm van aansprakelijkheid op zich kan nemen voor gevolgen die voortvloeien uit foutieve informatie. Het melden van eventuele fouten wordt door de auteur altijd op prijs gesteld.

Wij willen je erop wijzen dat de soft- en hardwarebenamingen die in dit boek worden vermeld, evenals de merknamen van de betrokken firma's meestal door fabrieksmerken, handelsmerken of door het patentrecht zijn beschermd.

Auteur: R.E. Sahupala
ISBN/EAN: 979-83-447265-9-5
Eerste druk: 02-02-2020
Editie: 01-2026 KDP
NUR-code: 994
Uitgever: WJAC
Website: www.wp-books.com/advanced

Met speciale dank aan:
Mijn lieve vrouw Iris van Hattum en onze zoon Ebbo Sahupala.

Inhoudsopgave

INTRODUCTIE

Tijdens WordPress-trainingen kom ik vaak dezelfde vragen tegen, zoals:

▸ Hoe kan ik een meertalige website maken?
▸ Kan ik zelf een WordPress thema maken?
▸ Kan ik een thema uitbreiden met thema sjablonen?
▸ Hoe kan ik mijn thema voorzien van een header slider?
▸ Kan ik mijn website beschermen tegen hackers?
▸ En nog veel meer...

In dit boek behandelen we de meest voorkomende vragen en handelingen die je kunt toepassen nadat je klaar bent met het installeren en configureren van een WordPress-site.

Wil je nog dieper op WordPress ingaan? Dan kun je terecht bij **WordPress Codex**, dat is "de verzameling van alle documentatie gerelateerd aan WordPress". Zie **codex.wordpress.org**.

Alle oefeningen in dit boek zijn praktisch. We laten alleen het meest essentiële zien en bevatten geen overbodige beschrijvingen. Ze zijn direct toe te passen. Daarnaast zijn alle scripts in dit boek ook te downloaden. In het onderstaande blok wordt aangegeven welk bestand beschikbaar is.

> Je hebt wel een wachtwoord nodig:
> **Adres: www.wp-books.com/advanced**
> **Wachtwoord: CarpeDiem** ⬇

De uitleg in dit boek is bedoeld voor zowel **MacOS**- als **Windows**-gebruikers.

Voor wie is dit boek?

Dit boek is geschikt voor mensen die:

▸ Een basiskennis hebben van WordPress.
▸ Hun eigen WordPress-site willen onderhouden.
▸ Niet afhankelijk willen zijn van ontwikkelaars.
▸ Een thema willen maken of aanpassen.
▸ Een multisite willen maken.
▸ Een meertalige website willen maken.
▸ Zelfstandig een WordPress-site willen uitbreiden.

Tip: Neem de tijd! Lees een hoofdstuk zorgvuldig door voordat je achter de computer gaat zitten.

Benodigdheden

▸ De nieuwste versie van WordPress.
▸ Een tekstverwerker, zoals Teksteditor (Apple) of Notepad (Windows), om de verschillende CMS-codes te verwerken. Het is echter beter om gebruik te maken van code-editors. Er zijn verschillende open-source code-editors beschikbaar, zoals:
  • Notepad++ (Windows): *www.notepad-plus-plus.org*.
  • Atom (Apple en Windows): *https://atom.io*.
▸ Wil je een andere editor gebruiken? Zoek dan op "Gratis Source Code Editors" op Google.

Doel van dit boek

Dit boek is geschreven voor iedereen die zonder enige technische kennis snel en praktisch WordPress wil leren uitbreiden.

Dit boek bevat alleen de meest essentiële uitleg. Als je eenmaal voldoende ervaring hebt opgedaan met WordPress, zul je meer inzicht en vertrouwen hebben om zelfstandig verder te gaan met het ontdekken van het systeem.

Kijk regelmatig op de website voor extra informatie:
www.wp-books.com/advanced.

ONLINE BESTANDEN BEHEREN

Normaal gesproken heb je geen extra programma nodig om bestanden te uploaden. Met WordPress kun je eenvoudig afbeeldingen, plugins en thema's uploaden. Soms is het nodig om handmatig een plugin of themabestand te vervangen of te verwijderen om een probleem op te lossen.

Werk je met een lokale server zoals **Local**, dan staan de WordPress-bestanden op de computer. Als de site online staat, heb je een FTP-programma nodig om toegang te krijgen tot deze bestanden. **FTP** staat voor **F**ile **T**ransfer **P**rotocol. Met dit protocol is het mogelijk om lokale bestanden naar een server te verplaatsen, oftewel te uploaden of downloaden.

Er zijn verschillende FTP-programma's beschikbaar. In dit boek gebruik ik FileZilla om WordPress-bestanden te uploaden.

FileZilla is open source-software. Als je FileZilla niet hebt, kun je naar filezilla-project.org gaan om de nieuwste versie te downloaden en te installeren.

FileZilladownloaden en installeren

1. Open je browser en ga naar *https://filezilla-project.org*.
2. Klik in het menu op **FileZilla > Download**.
3. Selecteer je platform (Windows of MacOS).
4. Klik op **Download FileZilla Client**.
5. Het installatiebestand is te vinden in de map **Downloads**. Na het downloaden installeer je FileZilla.

FileZilla_3.39.0_macosx-

FileZillaopenen

Ga naar:

Programma's > FileZilla.

Het volgende scherm verschijnt:

In het linkergedeelte zie je een overzicht van al jouw computerbestanden.

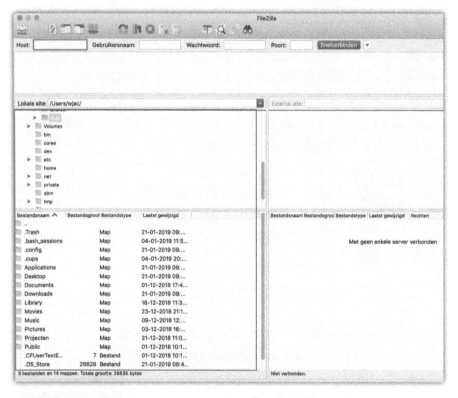

Het rechtergedeelte is nu nog leeg. Dit komt doordat er nog geen contact is gemaakt met de webserver. Nadat er contact is gemaakt, krijg je in het rechtergedeelte een overzicht van je online bestanden te zien. Om contact te maken met een webserver heb je **FTP-inloggegevens** nodig.

Dit soort gegevens krijg je van de webhost nadat je een webaccount (domeinnaam en hosting) hebt aangevraagd. In sommige gevallen kun je zelf een eigen FTP-gebruikersnaam en wachtwoord aanmaken.

FTP-gegevens bestaan uit een **FTP-adres**, **inlognaam** en **wachtwoord**.

Profielaanmaken

Bovenaan het venster kun je de profielgegevens invoeren. Gebruik hierbij jouw FTP-gegevens. Klik daarna op de knop **Snel verbinden**.

Bij **Host**: ftp.je-domeinnaam.nl.

Bij **Gebruikersnaam**: FTP-gebruikersnaam.

Bij **Wachtwoord**: FTP-wachtwoord.

Poort: Niet gebruiken indien dit niet beschikbaar is.

Klik daarna op de knop **Snel verbinden**.

Het is mogelijk om de inloggegevens vanuit FileZilla op te slaan.

Deze optie wordt getoond nadat je bent ingelogd.

Als er een profiel is aangemaakt, dan kun je met de knop rechts naast de knop **Snel verbinden** je profiel selecteren om in te loggen.

Om de verbinding te **verbreken** ga je naar:
Hoofdmenu > Server > Verbinding verbreken.

Nadat contact is gemaakt, kun je lokale websitebestanden overzetten.
Het **rechtergedeelte** van het scherm laat in de meeste gevallen een aantal mappen zien.

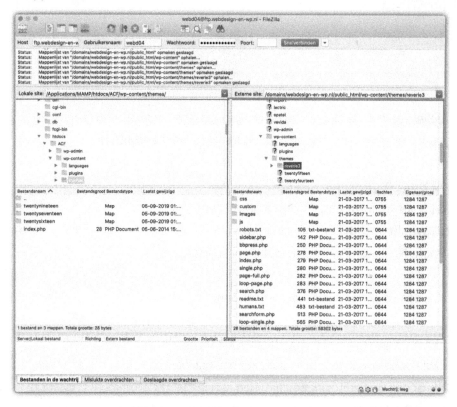

Zoek naar een map genaamd **www**. Hierin komen jouw website-bestanden te staan. Als er geen www-map is, zoek dan naar een map genaamd **httpdocs** of **public_html**.

Meer informatie over FileZilla vind je op: *https://filezilla-project.org*.

WordPress met FTPbeheren

In dit boek worden regelmatig extra bestanden toegevoegd aan een Word-Press-site, die meestal in de map **wp-content** worden geplaatst.

Thema-bestanden worden geplaatst in de map **wp-content > themes > thema_naam**.

Als het nodig is om corrupte plugins te verwijderen die bijvoorbeeld niet via het dashboard te verwijderen zijn, kun je ze verwijderen via de map **wp-content > plugins**.

Door de plugin op deze manier te verwijderen wordt deze gedeactiveerd. Op dezelfde wijze is het ook mogelijk om corrupte thema's te verwijderen.

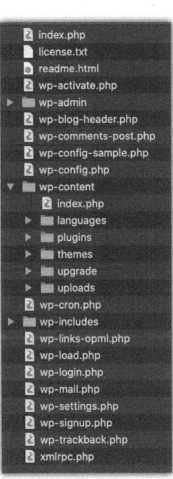

UNDER CONSTRUCTION

Na een online WordPress-installatie wil je een website configureren en voorzien van content zonder dat een bezoeker de website kan zien. Je kunt het volgende doen om een website af te schermen voor het publiek.

Under Construction Plugin

Als je webhost geen beveiligingsoptie heeft en je niet per pagina een site wilt afschermen, kun je altijd kiezen voor een Under Construction plugin. Met deze plugin scherm je een website af voor het publiek. Als je als gebruiker bent ingelogd, zie je wel de voorkant van de website.

Er zijn veel Under Construction plugins beschikbaar. Welke plugin je kiest, is afhankelijk van de waardering en gebruiksvriendelijkheid. Let daarbij op of de plugin goed wordt onderhouden. Kijk daarbij ook naar het aantal downloads van de plugin. Als voorbeeld gebruik ik de plugin **Maintenance**.

Installeren
1. Ga naar **Dashboard > Plugins > Nieuwe Plugin**.
2. Typ in het zoekveld **Maintenance**.
3. **Installeer** en **Activeer** de plugin.

Gebruik

Ga naar **Dashboard > Maintenance**.

Bovenaan vind je een schakelaar om de onderhoudsmodus te activeren.

Vanuit **Content** kun je pagina-informatie aanpassen.

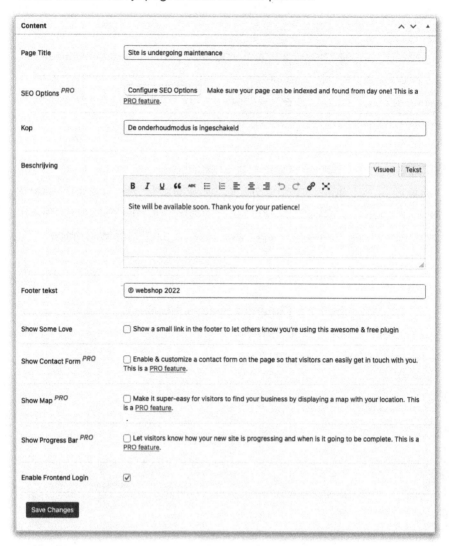

Vanuit **Design** kun je de achtergrondafbeelding vervangen, kleuren aanpassen en de pagina voorzien van een logo.

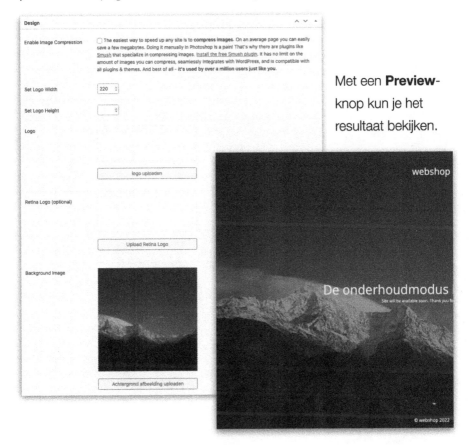

Met een **Preview**-
knop kun je het
resultaat bekijken.

Vergeet daarna niet op de knop **Opslaan** te klikken om de onderhoudsmodus te activeren.

MEDIABIBLIOTHEEK UITBREIDEN

De mediabibliotheek van WordPress maakt geen gebruik van een folder-
structuur. Alle mediabestanden worden in één venster weergegeven, waar-
bij het alleen mogelijk is om te selecteren op bestandstype. Met de plugin
FileBird is het mogelijk om bestanden in folders te plaatsen. .

FileBird is een Freemium plugin. Dit betekent dat je helaas niet over een
volledige (Premium) versie beschikt. Met de Free versie is het mogelijk om
10 folders aan te maken.

Installeren

1. Ga naar **Dashboard > Plugins > Nieuwe Plugin**.
2. Typ in het zoekveld *FileBird*.
3. **Installeer** en **activeer** de **plugin**.

Gebruik

Ga naar **Dashboard > Media > Bibliotheek**.

Klik op de knop **+ Nieuwe map** om een folder aan te maken.

Sleep daarna een afbeelding naar de nieuwe folder.

Met de knop **Bulkselectie** kun je een selectie van afbeeldingen in een folder plaatsen.

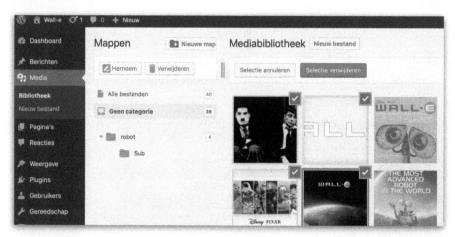

Een subfolder maken is ook eenvoudig. Maak een nieuwe map aan en sleep deze in een andere folder.

Een bestand uit een folder halen kan door een folder te selecteren.

Sleep vervolgens het bestand naar een andere folder of naar de map **Geen categorie**.

Als je meer opties nodig hebt, gebruik dan de Pro-versie.

Je kunt de plugin upgraden voor $49,-.

Meer info: *https://ninjateam.org/wordpress-media-library-folders*.

SITE WORDT GEHACKT

Je krijgt een bericht van je webhost waarin wordt aangegeven dat je site wordt aangevallen. Hackers proberen steeds in te loggen. Je kunt deze aanval blokkeren met behulp van een **.htaccess-bestand**. Dit bestand kun je vinden in de root van de webserver.

Met een **.htaccess**-bestand in de hoofdfolder van je **webserver** kun jij alleen als beheerder toegang krijgen tot de BackEnd van jouw website. Dit doe je door jouw **IP-adres** in dit bestand op te nemen.

Alle andere IP-adressen worden hiermee geblokkeerd. Een webbezoeker kan nog steeds de website bekijken.

Een IP-adres is een uniek adres op het internet. Dit adres wordt geleverd door je internetprovider (zoals Ziggo of KPN). Als je een website bezoekt, zal de site inzage krijgen in je IP-adres. Op basis van een IP-adres kun je ook van bepaalde sites geweerd worden.

Met *www.mijn-ip.net* kun je achterhalen wat jouw IP-adres is.

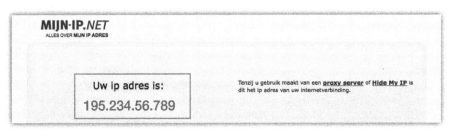

MIJN-IP.*NET*
ALLES OVER MIJN IP ADRES

Uw ip adres is:
195.234.56.789

Tenzij u gebruik maakt van een **proxy server** of **Hide My IP** is dit het ip adres van uw internetverbinding.

Heb je het idee dat een aanval is gestopt, dan kun je de blokkade weer opheffen.

Site beveiligen met .htaccess

Open een FTP-programma om je WordPress-bestanden te bekijken. In de folder **public_html** is een **.htaccess-bestand** aanwezig. Gebruik je een ander FTP-programma en zie je het bestand niet staan, dan is het bestand verborgen. Zorg ervoor dat alle verborgen bestanden zichtbaar worden.

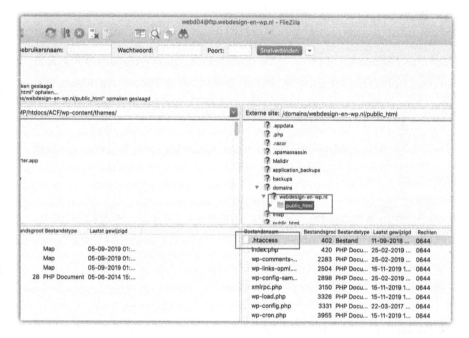

In de meeste FTP-programma's kun je verborgen bestanden zichtbaar maken.

Meestal is deze functie via het **Hoofdmenu > Instellingen** te vinden.

Zoals je ziet is in de folder **public_html** (of anders www) een **.htaccess** bestand aanwezig. Let op, bewerk het .htaccess-bestand in de folder niet!

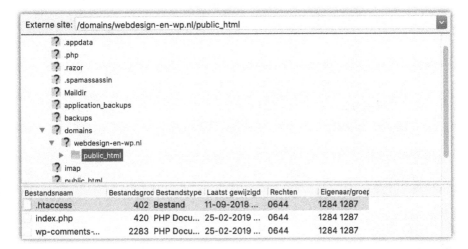

Download dit bestand. Hernoem het bestand door de **punt uit de naam** te **verwijderen**. Hierdoor kun je het bestand bewerken. Open het bestand en plaats de onderstaande code bovenaan het bestand.

```
    order deny,allow
    # Vervang 195.234.56.789 met jouw IP adres
3   allow from 195.234.56.789
    allow from 195.123.45.678
    deny from all
```

Gebruik jouw IP-adres in regel 3 en sla het bestand op. Als je vanaf een andere locatie (IP-adres) ook de website wilt beheren, kun je een extra IP-adres toevoegen in de volgende regel (regel 4). **Upload** het bestand in de folder **public_html** en hernoem het opnieuw door er een **punt aan toe te voegen**, dus **.htaccess**.

De website is nu beschermd! Met deze methode heb je geen plugin nodig en wordt de site niet extra belast.

Als je denkt dat een aanval is gestopt, kun je de blokkade opheffen door de toegevoegde code te verwijderen. Als je niet met een FTP-programma wilt werken, kun je ook de plugin **Htaccess Editor** gebruiken.

Installeren

1. Ga naar **Dashboard > Plugins > nieuwe Plugin**.
2. Typ in het zoekveld *Htaccess Editor*.
3. **Installeer** en **Activeer** de plugin.

Gebruik

Ga daarna naar **Dashboard > Instellingen > WP .htaccess Editor**.

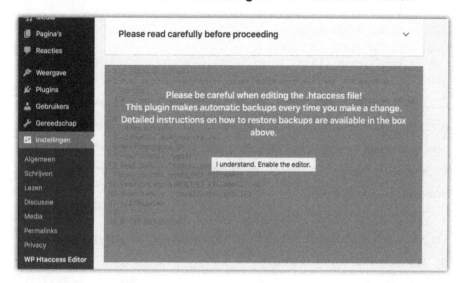

Lees de informatie door en klik op de knop **I understand. Enable the editor**. Vanuit de editor kun je extra code toevoegen.

Klik op de knop **Save Changes**. De website is vanaf nu alleen toegankelijk voor jou.

Als je denkt dat de aanval is gestopt, kun je de blokkade opheffen door de toegevoegde code te verwijderen en de plugin te deactiveren.

Meer info: *https://wordpress.org/plugins/wp-htaccess-editor*.

INLOGPOGINGEN BEPERKEN

Als je voor het inloggen van een website een eenvoudige gebruikersnaam en wachtwoord gebruikt, zoals "admin - admin123", is de kans groot dat een onbevoegd persoon toegang kan krijgen tot de website.

Hackers maken gebruik van geautomatiseerde processen om toegang te krijgen tot websites en maken ook misbruik van eenvoudige inlognamen en wachtwoorden.

Je kunt dit inlog-proces verstoren door de plugin **Limit Login Attempts Reloaded** te installeren. Met behulp van deze plugin kan een inlogger slechts vier keer een poging doen om toegang te krijgen tot een website. Na de vierde mislukte poging moet de inlogger 20 minuten wachten.

Na meerdere mislukte pogingen wordt de toegang geblokkeerd.

De Reloaded-versie is gemaakt door een team van WordPress ontwikkelaars, uitgaande van de originele plugin "Limit Login Attempts".

Installeren

1. Ga naar **Dashboard > Plugins > Nieuwe plugin**.
2. Typ in het zoekveld *Limit Login Attempts Reloaded.*
3. **Installeer** en **Activeer** de plugin.

Limit Login Attempts Reloaded

Blokkeer overmatige inlogpogingen en bescherm je site
tegen brute force aanvallen. Eenvoudige, maar krachtige
gereedschappen om de prestaties van de site te
verbeteren.

Door *Limit Login Attempts Reloaded*

Activeren

Meer details

Gebruik

Ga naar **Dashboard > Limit Login Attempts**.

Klik daarna op de tab **instellingen** om dit aan te passen.

Vanuit **Instellingen** kun je:

▸ Het aantal inlogpogingen bepalen.

▸ Het aantal minuten aangeven van blokkade na een gefaalde
inlog-poging.

▸ Na een bepaald aantal blokkades de blokkade-tijd verhogen.

▸ Het aantal uren invoeren voordat het aantal ondernomen pogingen
wordt gereset.

Activeer de optie **Stuur bericht bij uitsluiting**.

Na herhaaldelijk gefaalde inlogpogingen wordt het tijd om de bezoeker de
toegang tot de website te weigeren.

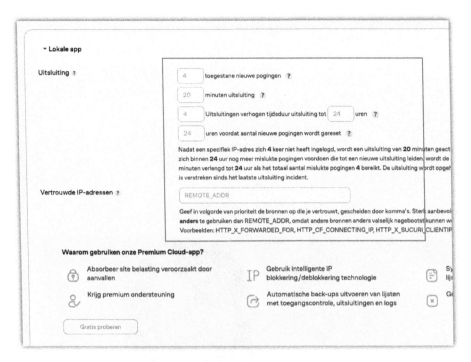

Met behulp van de tab **Logs** kun je het **IP-adres** van een inlogger achterhalen. Wil je de toegang voor bepaalde gebruikers blokkeren, dan plaats je
het IP-adres in het tekstveld **Lijst verboden**.

SITE BEVEILIGEN

WordPress is een veilig en veelvuldig getest systeem. Toch komt het af en toe voor dat een WordPress site gehackt wordt. Dit komt vaak door de beveiliging van de hosting, kwetsbaarheden in plugins, zwakke gebruikersnamen en wachtwoorden of het gebruik van een oude versie van WordPress.

Met *Solid Security* is het mogelijk om een site extra veilig te maken. Je kunt potentiële gaten dichten, automatische aanvallen tegengaan en de aanmeldprocedure versterken.

Installeren

4. Ga naar **Dashboard > Plugins > Nieuwe plugin**.
5. Typ in het zoekveld *Solid Security*.
6. **Installeer** en **activeer** de **plugin**.

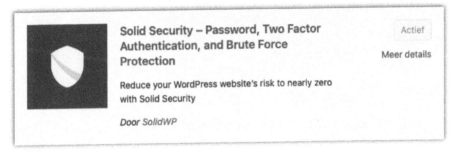

Ga naar **Dashboard > Beveiliging**. Hier zie je een overzicht van de beveiliging. De Help-knop geeft uitleg over het gebruik van de functies.

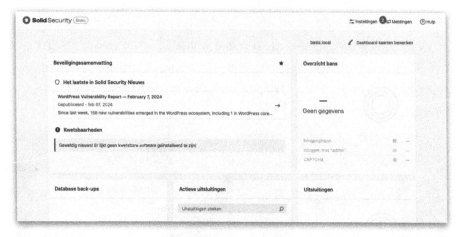

Ga naar **Dashboard > Beveiliging > Site scans**.

Klik op de knop **Site scan starten**.

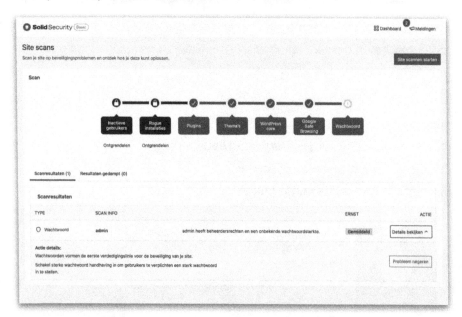

Onder **Scanresultaten** zie je **Scan info** en **Actie details**.

Ga naar **Dashboard > Beveiliging > Instellingen** voor extra functies.

Boven in het venster, onder Meldingen, is het mogelijk om *Network Brute Force Protection* te gebruiken. Hiervoor is een (gratis) API-sleutel nodig.

Configureer één of meer functies, klik daarna op de knop **Opslaan**.

Als je volledig gebruik wilt maken van deze plugin, heb je de Pro versie nodig. Je kunt de plugin upgraden vanaf $99.

Meer info:: *https://solidwp.com/security*.

Login-adres veranderen

WordPress is het meest gebruikte CMS-systeem. WordPress-gebruikers zijn bekend met het URL om in te loggen. Potentiële hackers kennen ook deze inlogprocedure. Een inlog-URL eindigt altijd met **/wp-login.php**.

Met de plugin **WPS Hide Login** kun je de inlog-URL wijzigen.
Na installatie en activering van de plugin, kun je /wp-login.php vervangen door een eigen login-naam.

Installeren

1. Ga naar **Dashboard > Plugins > Nieuwe Plugin**.
2. Typ in het zoekveld *WPS Hide Login*.
3. **Installeer** en **activeer** de **plugin**.

Ga naar **Dashboard > Instellingen > WPS Hide Login**.

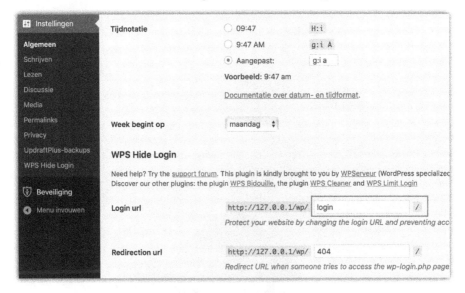

Bij **Login url** kun je een eigen inlognaam invoeren.

Klik daarna op de knop **Wijzigingen opslaan**.

Let op! Onthoud goed welke login-naam je hebt aangemaakt.

Als je deze bent vergeten, moet je de MySQL-database aanpassen.

Je kunt de login-naam ook resetten met behulp van een FTP-programma.

Ga naar **wp-content > plugins** en verwijder de map **wps-hide-login**.

Log daarna in met /wp-login.php en installeer de plugin opnieuw.

Meer informatie:

https://nl.wordpress.org/plugins/wps-hide-login.

EXTRA CSS

Vanaf WordPress 4.7 kunnen gebruikers extra CSS toevoegen aan een actief **klassieke thema** vanuit de Theme Customizer. Activeer een klassieke thema.

Ga daarna naar **Weergave > Customizer** en kies voor **Extra CSS**.

Aan de linkerzijde zie je informatie en een tekstveld waarin je CSS-regels kunt invoeren. Aan de rechterkant zie je de website.

Uitgaande van het **klassieke** thema **Twenty Twenty** is het niet mogelijk om de kopteksten (titels) van kleur te veranderen vanuit de **Customizer**. Maar met de optie **Extra CSS** is dit wel mogelijk, al is enige kennis van CSS daarbij wel handig. Als je meer wilt leren over CSS, dan kun je de basis leren op **www.w3schools.com/css**.

Het principe van CSS

CSS staat voor **C**ascading **S**tyle **S**heets. Het is een opmaaktaal die wordt gebruikt om de stijl en opmaak van een webpagina te definiëren. Hierbij kun je denken aan zaken als de grootte, kleur en positie van elementen op de site. Om bepaalde stijlen toe te passen, wordt er gebruik gemaakt van selectors in combinatie met HTML-tags.

Koptekst (titels) in HTML ziet er in de broncode zo uit:

```
<h1> De nieuwe UMoMA… </h1>
```

In CSS wordt de h1 tag op deze manier toegepast.

```
h1{
    color:orange;
    font-size: 80px;
}
```

Je kunt verschillende stijlelementen toepassen op één HTML-tag. Door extra CSS-regels toe te voegen in de Customizer, worden de standaardstijlen van de **h1**-tag overschreven en kun je direct het resultaat zien.

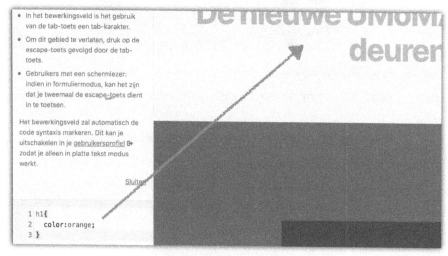

Het voordeel van werken met Extra CSS is dat er geen Code Editor nodig is. Tijdens het typen zie je CSS-eigenschappen tevoorschijn komen. Door een code-hint te selecteren voorkom je typfouten.

Heb je wat extra CSS-regels toegevoegd, vergeet dan niet op de knop **Publiceren** te klikken.

Wil je een element aanpassen en weet je niet welke tag wordt gebruikt, dan kan een browser je hierbij helpen. Bekijk de site in een browser.

Selecteer de titel van je pagina. Met een rechter-muisklik selecteer je **Inspecteren** (of Inspecteer element). In de broncode zie je welke HTML-tag wordt gebruikt. Daarnaast zie je hoe de tag in CSS wordt toegepast.

Zoals je ziet worden er meerdere tags gebruikt om het element te voorzien van een stijl. In dit geval zijn dit de tags `h1.entry-title`.

WORDPRESS THEMA

Om een klassiek WordPress thema te maken, heb je een **HTML5** - en **CSS3** ontwerp nodig. Download eerst het voorbeeld bestand.

Voorbeeldontwerp

Dit bestand bestaat uit een **folder** met de naam **carpediem_html**, met daarin één **HTML**- en één extern **CSS**-bestand.

Bekijk **index.html** in een browser en bekijk daarna de HTML-code.

www.wp-books.com/advanced

Bestand: **crpdm_html**

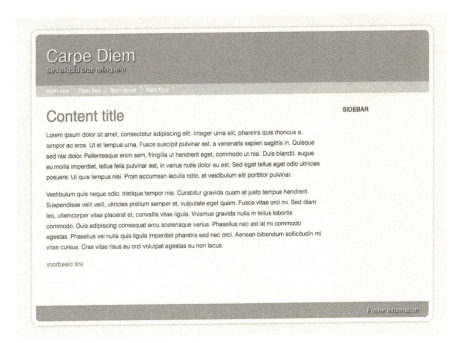

Carpe Diem
Sed aliquid cras relinquere

Item one | Item two | Item three | Item four

Content title

SIDEBAR

Lorem ipsum dolor sit amet, consectetur adipiscing elit. Integer urna elit, pharetra quis rhoncus a, tempor ac eros. Ut et tempus urna. Fusce suscipit pulvinar est, a venenatis sapien sagittis in. Quisque sed nisi dolor. Pellentesque enim sem, fringilla ut hendrerit eget, commodo ut nisi. Duis blandit, augue eu mollis imperdiet, tellus felis pulvinar est, in varius nulla dolor eu est. Sed eget tellus eget odio ultricies posuere. Ut quis tempus nisi. Proin accumsan iaculis odio, et vestibulum elit porttitor pulvinar.

Vestibulum quis neque odio, tristique tempor nisi. Curabitur gravida quam at justo tempus hendrerit. Suspendisse velit velit, ultricies pretium semper et, vulputate eget quam. Fusce vitae orci mi. Sed diam leo, ullamcorper vitae placerat et, convallis vitae ligula. Vivamus gravida nulla in tellus lobortis commodo. Duis adipiscing consequat arcu scelerisque varius. Phasellus nec est at mi commodo egestas. Phasellus vel nulla quis ligula imperdiet pharetra sed nec orci. Aenean bibendum sollicitudin mi vitae cursus. Cras vitae risus eu orci volutpat egestas eu non lacus.

voorbeeld link

Footer information

HTML - index.html

Hieronder de volledige HTML-code.

```html
<!DOCTYPE html>
<html>
<!-- head -->
<head>
    <title>Demo Template</title>
    <link href="style.css" rel="stylesheet" type="text/css" media="screen" />
</head>
<!-- end head -->

<body>
    <div id="page">
        <!-- end header -->
        <header id="masthead" class="site-header" role="banner">
            <hgroup>
                <div class="site-branding">
                    <h1 class="site-title"><a href="#">Carpe Diem</a></h1>
                    <h2 class="site-description">Sed aliquid cras relinquere</h2>
                </div>
            </hgroup>
            <!-- menu -->
            <nav id="site-navigation" class="main-navigation" role="navigation">
                <ul id="primary-menu" class="menu nav-menu" aria-expanded="false">
                    <li><a href="#">Item one</a>
                    </li>
                    <li><a href="#">Item two</a>
                    </li>
                    <li><a href="#">Item three</a>
                        <ul>
                    </li>
                    <li><a href="#">Item four</a>
                    </li>
                </ul>
            </nav>
            <!-- end menu -->
        </header>
        <!-- end header -->
        <section id="primary" class="site-main">
            <!-- content -->
            <article id="content">
            <!-- end content -->
        </section>
        <!-- sidebar -->
        <aside id="secondary" class="widget-area" role="complementary">
            <ul>
                <li>SIDEBAR</li>
            </ul>
        </aside>
        <!-- end sidebar -->
        <!-- footer -->
        <footer id="colophon" class="site-footer" role="contentinfo">
            <div class="site-info">Footer information</div>
        </footer>
        <!-- end footer -->
    </div>
</body>

</html>
```

Zoals je ziet zijn de HTML-tags voorzien van attributen zoals **id's**, **classes**, en **roles**. Dit is te zien in de tags: `<div>`, `<header>`, `<nav>` `<ul>`, `<section>`, `<aside>` en `<footer>`.

De attribuut-namen en waardes in index.html worden vaak toegepast in bestaande WordPress thema's. Wil je zelf een WordPress thema maken, kun je **class="attributen"** gebruiken om te stylen.

Gebruik de attributen en waarden in je eigen template. Hiermee is het ook mogelijk om later functies van bestaande WordPress thema's te gebruiken.

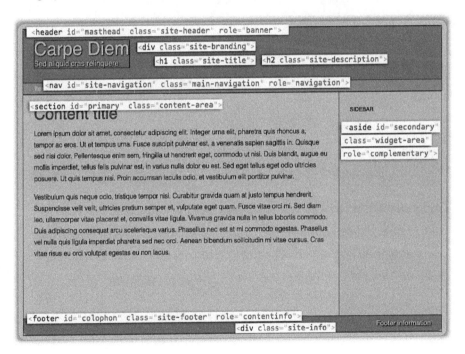

Structuur

We gebruiken een basisopmaak zonder afbeeldingen. De afgeronde hoeken en schaduweffecten zijn gemaakt met behulp van CSS3.

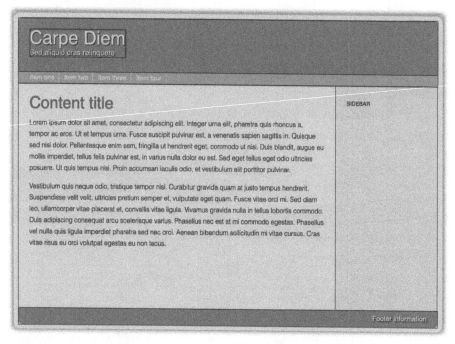

CSS3 werkt goed met de laatste versies van alle gangbare internetbrowsers. Heb je zelf een oude versie? Geen paniek. Je ziet wel de site, maar geen afgeronde hoeken en schaduweffecten. Het is overigens wel raadzaam om altijd te beschikken over de laatste browserversie.

Hiernaast zie je de hiërarchische indeling van de opbouw. Het HTML-ontwerp begint met een div box met de id **#page** en daarin bevinden zich de volgende HTML elementen:

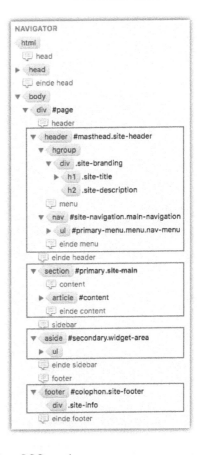

`<header>` met daarin `<hgroup>`, `<div>`, `<h1>`, `<h2>` en `<nav>`

`<section>` met daarin `<article>`

`<aside>` en `<footer>`

In de HTML-pagina is commentaar opgenomen `<!-- commentaar -->`

Alle belangrijke elementen zijn daardoor snel te herkennen.

Op de volgende pagina's toon ik de volledige CSS-codes.

Er wordt niet veel HTML- en CSS-code gebruikt. Dit is gedaan om ervoor te zorgen dat het verwerkingsproces duidelijk en helder blijft.

Nadat de HTML-template is omgezet naar een WordPress thema, is het nog steeds mogelijk om je thema te voorzien van extra stijleigenschappen.

> Tip: gebruik voornamelijk **Classes** als CSS selector.

<head></head>

CSS - style.css

Hieronder de volledige CSS-code.

```css
@charset "UTF-8";

* {
    margin: 0;
    padding: 0;
}
html {
    height: 100%;
}
body {
    padding: 30px 0 0 0;
    font-family: 'Helvetica', Arial;
    color: #3D5159;
    font-size: 14px;
    line-height: 24px;
    background-color: rgb(238, 245, 247);
}
#page {
    position: relative;
    max-width: 935px;
    margin: 0 auto;
    overflow: visible;
    /* radius */
    -webkit-border-radius: 15px;
    -moz-border-radius: 15px;
    border-radius: 15px;
    background-color: #f9f9f9;
    /* schaduw */
    -webkit-box-shadow: 0 0 7px #aaa;
    -moz-box-shadow: 0 0 7px #aaa;
    box-shadow: 0 0 7px #aaa;
    border: 10px solid #fff;
}
.site-header {
    position: relative;
    height: 140px;
    padding-top: 1px;
    clear: both;
    /* radius */
    -moz-border-radius: 10px 10px 0 0;
    -webkit-border-radius: 10px 10px 0 0;
    border-radius: 10px 10px 0 0;
    background-color: #fc7a00;
}
/* Titel en subtitel */
.site-branding {
    margin: 25px 0 0 25px;
}
```

```css
.site-title{
margin: 0;
padding: 0;
}
.site-title a,
.site-title a:visited {
    color: #fff;
    font: 40px 'Helvetica', Arial;
    text-shadow: 1px 1px 1px #000;
    filter: dropshadow(color=#000, offx=1, offy=1);
    margin: 0 0;
}
.site-description {
    color: #fff;
    font-size: 16px!important;
    font: 25px 'Helvetica', Arial;
    text-shadow: 1px 1px 1px #000;
    filter: dropshadow(color=#000, offx=1, offy=1);
}
/* hoofdmenu css */
.main-navigation {
    position: absolute;
    bottom: 0;
    left: 0;
    background-color: rgba(255, 255, 255, 0.5);
    width: 100%;
    height: 25px;
}
.main-navigation .menu {
    position: relative;
    padding-left: 16px;
    margin: 0;
}
.main-navigation li {
    float: left;
    list-style-type: none;
    margin-right: 1px;
    border-right: 1px solid #fff;
}
.main-navigation li a {
    color: #FFF;
    text-decoration: none;
    padding: 0 10px;
    font: 14px 'Helvetica', Arial;
}
```

```css
.main-navigation li a:hover,
.main-navigation li.active a,
.main-navigation li.current a {
    color: black;
    text-decoration: none;
}
/* submenu css */
.main-navigation .menu ul {
    display: none;
    padding: 0;
    margin: 0px;
}
.main-navigation li:hover ul {
    display: block;
    position: absolute;
    z-index: 100;
}
.main-navigation li li {
    clear: both;
    background-color: #3e5157;
    opacity: 0.85;
    width: 100%;
    padding: 0;
    border-right: none;
    border-bottom: 1px solid #000;
}
.main-navigation li li a {
    color: #FFF;
}
.main-navigation li li a:hover {
    color: black;
}
.site-main {
    padding: 25px;
    float: left;
    max-width: 655px;
    min-height: 425px;
    background-color: #FFF;
    font-weight: 300;
    text-align: left;
}
.site-main h2,h3 {
    color: #4c99b7;
    padding: 0 0 10px 0;
    font: 35px 'Helvetica', Arial;
}
.site-main p {
    margin: 0 0 15px 0;
}
```

```css
/* Sidebar */
.widget-area {
    padding: 25px 0 25px 25px;
    float: left;
    width: 205px;
}
.widget-area ul {
    font-size: 12px;
    list-style: none;
    margin-left: 0;
    color: #3e5157;
}
.widgettitle {
    font: 13px 'Helvetica', Arial;
    color: #3e5157;
    margin: 0;
}
.widget-area ul ul {
    padding: 0;
}
.site-footer {
    clear: both;
    height: 35px;
    text-align: right;
    color: #FFF;
    /* radius */
    -moz-border-radius: 0 0 10px 10px;
    border-radius: 0 0 10px 10px;
    /* tekstschaduw */
    text-shadow: 2px 2px 2px #555;
    filter: dropshadow(color=#555, offx=2, offy=2);
    font: 20px 'Helvetica', Arial;
    background-color: #fc7a00;
}
.site-info {
    font-size: 15px;
    padding: 10px 25px 0px 0px;
}
/* koppelingen algemeen */
a,
a:visited {
    color: #7499b6;
    text-decoration: none;
}
a:hover {
    color: #000;
}
```

BASIC THEME

Een basic klassiek WordPress thema bestaat uit een aantal bestanden:

- **screenshot.png**
- **menu-icon.png**
- **style.css**
- **index.php**
- **functions.php**
- **single.php**

Al deze bestanden, behalve *screenshot* en *menu-icon.png* zijn tekst-bestanden. Om deze bestanden aan te passen, kun je het programma **Atom** voor Apple of **Notepad++** voor Windows gebruiken.

Let op! Gebruik de juiste extensies **.php** en **.css** bij het opslaan.
Maar het is interessanter om alle instructiestappen te doorlopen en je WordPress thema zelf te bouwen. Je mag hierbij gebruikmaken van de bestanden die je hebt gedownload. Het kopiëren en plakken gaat sneller dan het overtypen van de verschillende scripts.

> **www.wp-books.com/advanced**
> Bestand: **crpdm_basic** 📥

De scripts in dit boek zijn afkomstig van:
https://codex.wordpress.org/Theme_Development
en de standaard themes **Twentyfourteen** tot en met **Twentyseventeen**.

Stap 1 - screenshot.png

Maak een thumbnail van het ontwerp door index.html te openen in je internetbrowser en vervolgens een schermafbeelding te maken.

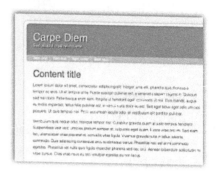

Naam: **screenshot.png**
Grootte: **300 x 225 pixels**
Bestandsformaat: **png**

Voor **Windows**: druk op de toets **Print Screen** (PrtScrn) op het toetsenbord. Open vervolgens het programma **Paint** en plak de schermafbeelding in een nieuw Paint-bestand. Pas de grootte aan volgens de bovenstaande specificaties en sla het bestand op.

Voor **Apple**: druk gelijktijdig op de toetsen **Command+Shift+3**.
Een schermafbeelding wordt opgeslagen op je bureaublad. Gebruik het programma **Voorvertoning** of een ander foto-bewerkingspakket om het bestand aan te passen volgens de bovenstaande specificaties (plaatje screenshot.png is ook aanwezig in crpdm_basic).

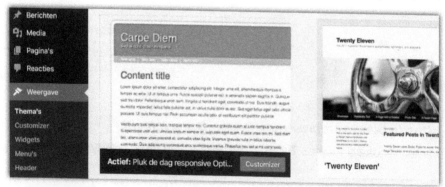

Je thumbnail is te zien vanuit het Dashboard na een thema installatie.

Stap 2 – style.css

Neem de regels 1 t/m 14 over uit style.css en voeg deze toe aan jouw CSS-bestand. Hieronder zie je het eindresultaat.

```
 1  /*
 2  Theme Name: Carpe Diem Basic
 3  Theme URI: https://www.wp-books.com/advanced/
 4  Description: Carpe Diem Basic theme for WordPress
 5  Author: WJAC
 6  Author URI: https://www.wp-books.com
 7  Version: 1.0
 8  Tags: Orange, grey, white, two-columns, responsive
 9
10  License:
11  License URI:
12
13  General comments (optional).
14  */
15
```

Dit is nodig zodat WordPress het thema kan herkennen en weergeven in **Dashboard > Weergave > Thema's**.

Theme Name:	Naam van het theme
Theme URI:	URL van het theme
Description:	Beschrijving van het theme
Author:	Naam van de maker
Author URI:	URL van de maker
Version:	Versie nummer
Tags:	Template trefwoorden gescheiden door komma's

Stap 3 – index.php

In index.php ga je elementen verwijderen en PHP elementen toevoegen.

```html
<!DOCTYPE html>
<html <?php language_attributes(); ?>>
<!--head -->
<head>
    <meta charset="<?php bloginfo( 'charset' ); ?>" />
    <title>
        <?php wp_title(); ?>
    </title>
    <meta name="viewport" content="width=device-width" />
    <link rel="profile" href="http://gmpg.org/xfn/11" />
    <link rel="pingback" href="<?php bloginfo( 'pingback_url' ); ?>" />
    <?php if ( is_singular() && get_option( 'thread_comments' ) ) wp_enqueue_script( 'comment-reply' ); ?>
    <?php wp_head(); ?>
</head>
<!--einde head -->

<body <?php body_class(); ?>>
    <div id="page" class="site">
        <!-- header -->
        <header id="masthead" class="site-header" role="banner">
            <hgroup>
                <div class="site-branding">
                    <h1 class="site-title"><a href="<?php echo esc_url( home_url( '/' ) ); ?>" rel="home">
                    <?php bloginfo( 'name' ); ?></a></h1>
                    <h2 class="site-description"><?php bloginfo( 'description' ); ?></h2>
                </div>
            </hgroup>
            <!-- menu + menu-toggle-->
            <nav id="site-navigation" class="main-navigation" role="navigation">
                <button class="menu-toggle" aria-controls="primary-menu" aria-expanded="false"></button>
                <?php wp_nav_menu( $args ); ?>
            </nav>
            <!-- einde menu -->
        </header>
        <!-- einde header -->
        <section id="primary" class="site-main">
            <!-- content -->
            <article id="content">...</article>
        </section>
        <!-- sidebar -->
        <aside id="secondary" class="widget-area" role="complementary">
            <ul>
                <?php if ( function_exists( 'dynamic_sidebar') && dynamic_sidebar() ) : else : ?>
                <?php endif; ?>
            </ul>
        </aside>
        <!-- einde sidebar -->
        <!-- footer -->
        <footer id="colophon" class="site-footer" role="contentinfo">
        <div class="site-info">
            <?php bloginfo( 'name'); print " - "; echo date( 'Y'); ?>
            </div>
        </footer>
        <!-- einde footer -->
    </div>
</body>

</html>
```

Stappen:

1. **Dupliceer** index.html en **hernoem** dit bestand **index.php**.
2. Open **index.php**.

HTML tag

Vervang de `<html>` tag:

```
<!DOCTYPE html>
<html>
<!--head -->
```

Resultaat:

```
<!DOCTYPE html>
<html <?php language_attributes(); ?>>
<!--head -->
```

▸ Gebruik de juiste DOCTYPE.
▸ `language_attributes()` in `<html>` tag.

Bestand opslaan.

PHP-code wordt in HTML-tags geplaatst, zoals bij de `<html>` tag.
Maar ook als element gebruikt, dus tussen de open en sluitende HTML-tags. Zoals bij element `<title>` ... `</title>`, zie **head** gedeelte.

PHP-code staat altijd tussen de tags `<?php` en `?>`

Een PHP-script bestaat uit één of meer statements.
Een statement wordt afgesloten met een `;` (puntkomma).

```
<?php statement('waarde'); ?>
```

Head gedeelte

```
<!--head -->
<head>
    <title>Demo Template</title>
    <link href="style.css" rel="stylesheet" type="text/css" media="screen" />
    <meta name="viewport" content="width=device-width" />
</head>
<!--einde head -->
```

▸ **Verwijder** de link naar je **stylesheet!** In plaats van deze `<link>` tag gebruik je een `wp_enqueue_script` action hook.

Vanuit een ander bestand wordt naar de stylesheet verwezen.

```
<!--head -->
<head>
    <meta charset="<?php bloginfo( 'charset' ); ?>" />
    <title>
        <?php wp_title(); ?>
    </title>
    <meta name="viewport" content="width=device-width" />
    <link rel="profile" href="http://gmpg.org/xfn/11" />
    <link rel="pingback" href="<?php bloginfo( 'pingback_url' ); ?>" />
    <?php if ( is_singular() && get_option( 'thread_comments' ) ) wp_enqueue_script( 'comment-reply' ); ?>
    <?php wp_head(); ?>
</head>
<!--einde head -->
```

▸ `bloginfo('charset')` in `<meta>` tag.

Dit element moet boven het `<title>` element komen te staan.

▸ `wp_title()` in element `<title>`

▸ XFN (XHTML Friends Network) **gmpg.org** en **pingback_url** in `<link>` tag. Maken van relationele meta data.

▸ Gebruik `wp_head()` voor de sluitende `</head>` tag. Plugins gebruiken een action hook voor eigen scripts, stylesheets en functionaliteit.

Bestand opslaan.

Body en **Header** gedeelte (niet verwarren met Head gedeelte).

```
<body>
    <div id="page">
        <!-- header -->
        <header id="masthead" class="site-header" role="banner">
            <hgroup>
                <div class="site-branding">
                    <h1 class="site-title"><a href="#">Pluk de dag</a></h1>
                    <h2 class="site-description">Maar laat iets over voor morgen</h2>
                </div>
            </hgroup>
            <!-- menu + menu-toggle-->
            <nav id="site-navigation" class="main-navigation" role="navigation">
                <button class="menu-toggle" aria-controls="primary-menu" aria-expanded="false"></button>
                <ul id="primary-menu" class="menu nav-menu" aria-expanded="false">
                    <li><a href="#">Item een</a>
                    </li>
                    <li><a href="#">Item twee</a>
                    </li>
                    <li><a href="#">Item drie</a>
                        <ul>
                            <li><a href="#">Item een</a>
                            </li>
                            <li><a href="#">Item twee</a>
                            </li>
                            <li><a href="#">Item drieendertig</a>
                            </li>
                            <li><a href="#">Item vier</a> </li>
                        </ul>
                    </li>
                    <li><a href="#">Item vier</a>
                    </li>
                </ul>
            </nav>
            <!-- einde menu -->
        </header>
        <!-- einde header -->
```

HTML-codes worden vervangen met de onderstaande PHP-statements.

```
<body <?php body_class(); ?>>
    <div id="page" class="site">
        <!-- header -->
        <header id="masthead" class="site-header" role="banner">
            <hgroup>
                <div class="site-branding">
                    <h1 class="site-title"><a href="<?php echo esc_url( home_url( '/' ) ); ?>" rel="home"><?php bloginfo(
                    <h2 class="site-description"><?php bloginfo( 'description' ); ?></h2>
                </div>
            </hgroup>

            <!-- menu -->
            <nav id="site-navigation" class="main-navigation" role="navigation">
                <button class="menu-toggle" aria-controls="primary-menu" aria-expanded="false"></button>
                <?php wp_nav_menu( $args ); ?>
            </nav>
            <!-- einde menu -->
        </header>
```

▸ `body_class()`   in de **<body>** tag
▸ `bloginfo('name')`   in element **<h1>**
▸ `bloginfo('description')`   in element **<h2>**
▸ `wp_nav_menu()`   in element **<nav>**

Site **titel, beschrijving** en **menu** PHP-elementen. **Bestand opslaan**.

Content gedeelte

```
<!-- content -->
<article id="content">
    <h2>Content titel</h2>
    <p>Lorem ipsum dolor sit amet, consectetur adipiscing elit. Integer urna el
    urna. Fusce suscipit pulvinar est, a venenatis sapien sagittis in. Quisqu
    hendrerit eget, commodo ut nisi. Duis blandit, augue eu mollis imperdiet,
    Sed eget tellus eget odio ultricies posuere. Ut quis tempus nisi. Proin a
    pulvinar. </p>
    <p>Vestibulum quis neque odio, tristique tempor nisi. Curabitur gravida qua
    ultricies pretium semper et, vulputate eget quam. Fusce vitae orci mi. Se
    ligula. Vivamus gravida nulla in tellus lobortis commodo. Duis adipiscing
    commodo egestas. Phasellus vel nulla quis ligula imperdiet pharetra sed n
    vitae risus eu orci volutpat egestas eu non lacus.</p>
    <p> <a href="#">voorbeeld link</a> </p>
</article>
<!-- einde content -->
```

Vervang de titel **<h2>** en Lorem ipsum tekst **<p>**.

Gebruik hiervoor **The Loop** in element `<article>`.

```
<!-- content -->
<article id="content">
    <!-- the loop -->
    <?php if(have_posts()) : ?>
    <?php while(have_posts()) : the_post(); ?>
    <div class="post">
        <h1><a href="<?php the_permalink(); ?>">
            <?php the_title(); ?>
            </a></h1>
        <?php the_time( 'l, F jS, Y') ?>
        <div class="entry">
            <?php the_post_thumbnail(); ?>
            <?php the_content(); ?>
            <p class="postmetadata">
                <?php _e( 'Filed under&#58;'); ?>
                <?php the_category( ', ') ?>
                <?php _e( 'by'); ?>
                <?php the_author(); ?>
                <br />
                <?php comments_popup_link( 'No Comments &#187;', '1 Comment &#187;', '% Comment
                <?php edit_post_link( 'Edit', ' &#124; ', ''); ?>
            </p>
            <br />
        </div>
    </div>
    <?php endwhile; ?>
    <div class="navigation">
        <?php posts_nav_link(); ?>
    </div>
    <?php endif; ?>
    <!-- einde the loop -->
</article>
```

Het script **The Loop** stelt vast wat voor content, berichten of pagina's er in de homepage vertoond wordt. **Bestand opslaan.**

Aside en footer gedeelte

Vervang de aangegeven teksten in de elementen **<aside>** en **<footer>**.

```
<!-- sidebar -->
<aside id="secondary" class="widget-area" role="complementary">
    <ul>
        <li>SIDEBAR</li>
    </ul>
</aside>
<!-- einde sidebar -->
<!-- footer -->
<footer id="colophon" class="site-footer" role="contentinfo">
    <div class="site-info">Footer informatie hier</div>
</footer>
<!-- einde footer -->
```

Aside

```
<!-- sidebar -->
<aside id="secondary" class="widget-area" role="complementary">
    <ul>
        <?php if ( function_exists( 'dynamic_sidebar') && dynamic_sidebar() ) : else : ?>
        <?php endif; ?>
    </ul>
</aside>
<!-- einde sidebar -->
```

▸ Gebruik **function_exists('dynamic_sidebar')**

in element **<aside>**. De code wordt in een **<ul>** tag opgenomen.

Met dit script is het mogelijk om widgets in je thema te gebruiken.

Footer

```
<!-- footer -->
<footer id="colophon" class="site-footer" role="contentinfo">
<div class="site-info">
    <?php bloginfo( 'name'); print " - "; echo date( 'Y'); ?>
    </div>
</footer>
<!-- einde footer -->
```

▸ Gebruik **bloginfo('name')** en **date ('Y')** in element **<footer>**.

Met dit script wordt footer informatie gegenereerd zoals de site-naam

en het jaartal. **Bestand opslaan** en sluit het bestand af.

Zoals je ziet heb je in de diverse tags en elementen WordPress PHP-codes verwerkt. Hieronder zie je een visuele voorstelling van wat we hebben gedaan.

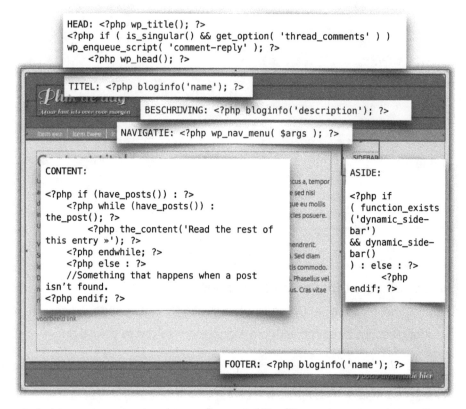

Je hebt nog twee bestanden nodig om je WordPress thema compleet te maken.

Stap 4 – functions.php

Maak een bestand aan en noem dit **functions.php**. In dit bestand definieer je functies die gebruikt worden in het theme. Functies zoals het bepalen van een menu-locatie. Registreren van een sidebar en thumbnails opnemen in berichten. Vanuit dit bestand wordt ook verwezen naar een stylesheet.

Neem de onderstaande code over:

```php
<?php
//verwijzing naar stylesheet
function themeslug_enqueue_style() {
    if ( is_child_theme() ) {
        // load parent stylesheet first if this is a child theme
        wp_enqueue_style( 'parent-stylesheet', trailingslashit( get_template_directory_uri() ) . 'style.css', false );
    }
    // load active theme stylesheet in both cases
    wp_enqueue_style( 'theme-stylesheet', get_stylesheet_uri(), false );
}

add_action( 'wp_enqueue_scripts', 'themeslug_enqueue_style' );

//Some simple code for our widget-enabled sidebar
if ( function_exists('register_sidebar') )
    register_sidebar();

//Add support for wp_template custom menus
add_action( 'init', 'register_my_menu' );

//Register area for custom menu
function register_my_menu() {
    register_nav_menu( 'primary-menu', __( 'Primary Menu' ) );
}

// Enable post thumbnails
add_theme_support('post-thumbnails');
set_post_thumbnail_size(520, 250, true);
```

Zoals je misschien hebt opgemerkt wordt de `<?php` declaratie niet afgesloten met `?>`. Sla het bestand op en sluit het document.

Voor meer informatie over functions:

https://developer.wordpress.org/themes/basics/theme-functions.

Stap 5 – single.php

Kopieer het bestand **index.php** en sla het op met de naam **single.php**.
Open het bestand **single.php** en vervang **The Loop**.

```php
<!-- content -->
<article id="content">
    <!-- the loop -->
    <?php if(have_posts()) : ?>
    <?php while(have_posts()) : the_post(); ?>
    <div class="post">
        <h1><a href="<?php the_permalink(); ?>">
            <?php the_title(); ?>
            </a></h1>
        <?php the_time( 'l, F jS, Y') ?>
        <div class="entry">
            <?php the_post_thumbnail(); ?>
            <?php the_content(); ?>
            <p class="postmetadata">
                <?php _e( 'Filed under&#58;'); ?>
                <?php the_category( ', ') ?>
                <?php _e( 'by'); ?>
                <?php the_author(); ?>
                <br />
                <?php comments_popup_link( 'No Comments &#187;', '1 Comment &#187;', '% Comments &#187
                <?php edit_post_link( 'Edit', ' &#124; ', ''); ?>
            </p>
            <br />
        </div>
    </div>
    <?php endwhile; ?>
    <div class="navigation">
        <?php posts_nav_link(); ?>
    </div>
    <?php endif; ?>
    <!-- einde the loop -->
</article>
```

Door:

```
<!-- content -->
<article id="content">
    <!-- single -->
    <?php if(have_posts()) : ?>
    <?php while(have_posts()) : the_post(); ?>
    <div class="post">
        <h1><a href="<?php the_permalink(); ?>">
        <?php the_title(); ?>
        </a></h1>
        <div class="entry">
            <?php the_post_thumbnail(); ?>
            <?php the_content(); ?>
            <p class="postmetadata">
                <?php _e('Filed under&#58;'); ?>
                <?php the_category(', ') ?>
                <?php _e('by'); ?>
                <?php the_author(); ?>
                <br />
                <?php comments_popup_link('No Comments &#187;', '1 Comment &#187;', '% Comments &#187;'); ?>
                <?php edit_post_link('Edit', ' &#124; ', ''); ?>
            </p>
        </div>
        <div class="comments-template"> <strong>Wat vind jij ervan?</strong>
        <?php comments_template(); ?>
        </div>
    </div>
    <?php endwhile; ?>
    <div class="navigation">
        <?php previous_post_link('< %link') ?>
        <?php next_post_link(' %link >') ?>
    </div>
    <?php endif; ?>
    <!--einde single -->
</article>
```

Zoals je inmiddels weet worden alle berichten op een blogpagina onder elkaar vertoond. Het laatste bericht verschijnt bovenaan.

Klik je op de titel van het bericht dan verschijnt het volledige bericht.
Met **single.php** zorg je ervoor dat een post/bericht in zijn geheel wordt vertoond.

Template comprimeren

Nadat je alle voorgaande stappen 1 t/m 5 hebt doorlopen heb je een basis thema gemaakt. Voordat je de basis thema installeert ga je eerst de folder **carpediem comprimeren** oftewel **zippen.**

Themes en plugins worden altijd als gecomprimeerd (gezipt) bestand geïnstalleerd in WordPress.

Selecteer **carpediem**. Klik op de rechtermuisknop en kies voor:

Apple: Comprimeer **wp_template**.

Windows: kopiëren naar + Gecomprimeerde map.

Je template is gecomprimeerd en kan geïnstalleerd worden!

> *Tip voor Apple-gebruikers: soms kan het zijn dat de template niet goed is ingepakt met behulp van de functie comprimeer.*
> *Een installatie gaat dan niet lukken.*
> *Wanneer dit het geval is probeer dan de template in te pakken met een ander ZIP-programma dat PC compatible is. Er zijn vele (gratis) ZIP-programma's te downloaden (bijvoorbeeld YemuZip).*

Template installeren

Ga naar: **Dashboard > Weergave > Thema's**.
Klik op **Nieuwe toevoegen**.

Klik op de tab **Uploaden**.

Thema's installeren

Zoeken | Uploaden | Uitgelicht | Nieuwste | Onlangs bijgewerkt

Zoeken naar thema's met sleutelwoorden.

| | Zoeken |

Met **Uploaden** selecteer en installeer je een nieuwe thema.

1. Klik op **Kies bestand**.
2. Selecteer **carpediem.zip**.
3. Klik op **Nu installeren**.
4. **Activeer** je theme.
5. Bekijk de site.

Als je op een titel klikt vanuit de homepage, dan zie je het volledige artikel. Gefeliciteerd! Het HTML-template is nu een WordPress-thema.

Een HTML-ontwerp is nodig om een klassiek thema te maken. Als het ontwerp niet voor distributie is, mag je zelf bepalen uit hoeveel themabestanden het moet bestaan.

Als je een klassiek thema beschikbaar wilt stellen voor een groot publiek, kun je met behulp van het boek **WordPress - Klassieke Thema** leren hoe je een basis thema kunt **optimaliseren** en **uitbreiden** met extra functies en themabestanden.

Als je wilt weten hoe je een blok-thema kunt maken, lees dan het boek **WordPress - Blok Thema**.

HOE WERKT EEN BLOK THEMA

Het thema **Twenty Twenty Two** is het eerste officiële blok-thema. Hiermee kun je een thema visueel aanpassen. Je kunt onderdelen zoals een **titel**, een **logo** en een **menu** bewerken of toevoegen. Het is ook mogelijk om de structuur van een **Homepage**, een **Bericht** of **Pagina** te veranderen. Je kunt de tekst in de **Footer** wijzigen. En zelfs de **stijl** veranderen, zoals kleuren, grootte en lettertype.

Een blokthema wordt aangepast met dezelfde editor als in een pagina. WordPress noemt dit **Full Site Editing**. Het is een Site-Editor en Builder.

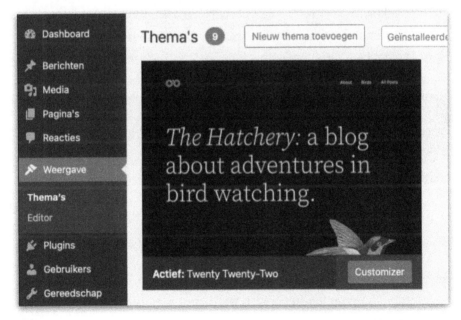

Maak een nieuwe WordPress website. Ga naar **Dashboard > Weergave**. **Activeer** het thema **Twenty Twenty-Two**. Met deze versie wil WordPress laten zien hoe eenvoudig het is om met blokthema's te werken.

Ga naar **Dashboard > Weergave > Editor**.

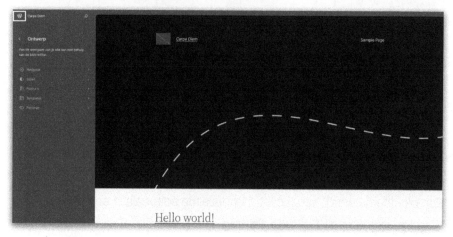

In de linkerkolom zie je een reeks opties: **Navigatie**, **Stijlen**, **Pagina's**, **Templates** en **Patronen**, aan de rechterkant zie je de **Homepage**. Selecteer het blok **Titel**. Boven het blok verschijnt een **werkbalk**.

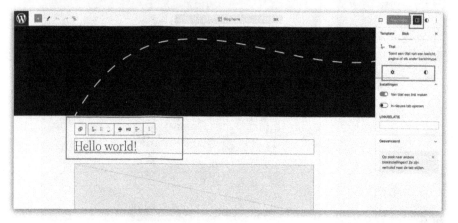

Het pictogram **Instellingen** (rechtsboven) toont je extra blokopties in een kolom aan de rechterkant. Je kunt het blok verder aanpassen met behulp van de **blok-instellingen** (tandwielpictogram) en **stijlen** (halve maanpictogram). Het **WordPress icoon** (linksboven) brengt je één stap terug.

Met het **WordPress** icoon (linksboven) ga je terug naar de Site Editor.

Ga naar **Weergave > Editor - Templates**. Templates bestaan uit **Template onderdelen** (parts) en **blokken**. Samen vormen ze een pagina. Een *template onderdeel* is b.v. een **Header**, **Sidebar** of **Footer**. Een Template beschikt over diverse onderdelen.

De naam van een **Template** geeft aan waarvoor het is gemaakt. De template **Enkel berichten** wordt vertoond nadat een bezoeker vanuit de homepage op een **bericht** heeft geklikt. Hiermee is het gehele bericht te zien. Het aantal templates verschilt per thema.

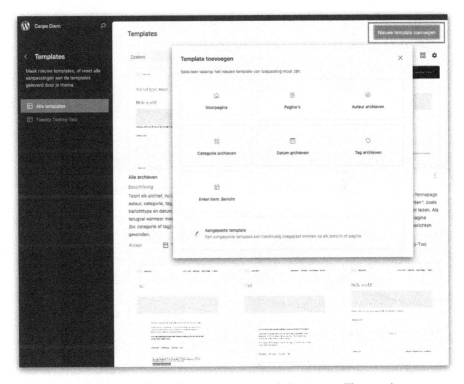

Met de knop **Nieuwe Template toevoegen** is het mogelijk om nieuwe templates aan te maken.

Selecteer **Enkele berichten** en klik op een blok om het te bewerken.

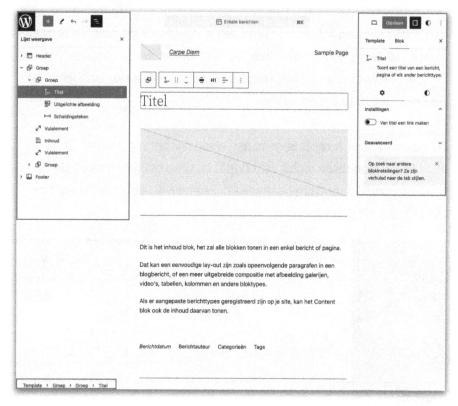

De structuur van een template bestaat uit **patronen** en **thema-blokken**. Als je een patroon of blok selecteert, kun je zien waar het over gaat. Gebruik hiervoor de **lijstweergave** of het **kruimelpad**.

Je kunt de **blok-opties** en **-instellingen** (rechterkolom) gebruiken om de eigenschappen van het blok aan te passen.

Met de **blok-inserter**, symbool ▐+▌ (linksboven), kun je patronen en thema-blokken toevoegen.

Ga naar **Weergave > Editor > Patronen**. Naast thema **Patronen** (layouts) vindt je ook een lijst van **TEMPLATE ONDERDELEN**.

Klik op een **Template onderdeel** om te bewerken. De naam geeft aan wat voor onderdeel dit is.

Met de knop **Patroon toevoegen > Nieuw template onderdeel toevoegen** is het mogelijk om meerdere template onderdelen aan te maken.

Het voordeel van **Template onderdelen** is dat je beter kunt focussen op de layout van een onderdeel. Je wordt hiermee niet geconfronteerd met de gehele opmaak van een webpagina.

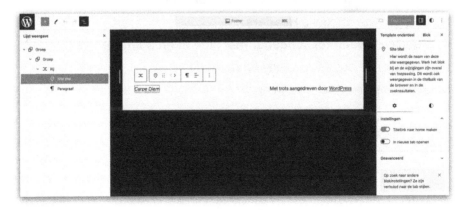

Homepage, Pagina layouts en Templates bewerken

Met behulp van de Gutenberg Site Editor kun je Blokken en Patronen toevoegen of bewerken. De wijzigingen worden na het opslaan direct toegepast. Nadat een Template of Template Part is aangepast wordt dit in het overzicht aangegeven met behulp van **Acties** (drie puntjes).
Selecteer **Herstellen** om de aanpassingen terug te draaien.

Als voorbeeld ga je een template bewerken. Ga naar **Editor > Templates**. Klik op de template **Enkel Bericht**.Het doel is om de kop- en voettekst te vervangen door een patroon. Bewerk vervolgens de meta-informatie: Datum, auteur en categorie blokken direct onder de titel.

Header en Footer aanpassen:

1. Selecteer de **Header** in het grote venster.
2. Klik op het ➕ symbool en selecteer **Patronen**.
3. Selecteer de categorie **Headers**.
4. Selecteer **Alleen tekst header met slogan en achtergrond**.
5. Selecteer de oude Groep en **verwijder** dit.
6. Stel de tekst- en linkkleur in op wit.

Doe hetzelfde voor de **Footer**.

Plaats vervolgens de meta-informatie onder de titel.

Selecteer het blok **Rij** en sleep deze direct onder het titel-blok.

De **lijstweergave** kan hierbij helpen. Stel de breedte in op **Wijde breedte**.
Klik op **Opslaan** en geef een bericht weer.

Als je meer wilt weten over **Layouts**, **Full Site Editing**
en het maken van **Blokthema's**, lees dan het boek
WordPress - Gutenberg en *WordPress - Blok Theme*.

Let op, in het volgende hoofdstuk wordt het klassieke
thema Twenty Twenty-One gebruikt.

WERKEN MET DE BLOK EDITOR

Met behulp van de Blok editor is het mogelijk om pagina's en berichten te voorzien van diverse layouts. Dit is ook een onderdeel van een thema.

We gaan niet alle blokken doornemen, dit mag je rustig op je gemak bekijken. Het gaat er voornamelijk om hoe je in het algemeen werkt met de editor, bijvoorbeeld hoe je geneste elementen kunt selecteren en hoe je blokken kunt samenstellen. Als praktisch voorbeeld ga ik werken met een aantal blokken. Hopelijk krijg je hierdoor meer inzicht in de user interface en hoe je snel en eenvoudig een pagina kunt opmaken.

Starten met een ander blok type

Het bloktype veranderen na het toevoegen van een nieuwe paragraaf kan met behulp van de **/** (forward slash) toets. Hierdoor is het niet nodig om eerst een blok te verwijderen en daarna een nieuw blok toe te voegen.

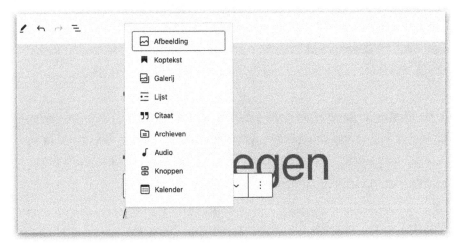

Na het intypen van **/** (forward slash) verschijnt een selectievenster. Maak daarna een keuze.

Blok selecteren en navigatie

Blokken worden boven op elkaar gestapeld. Werk je met kolommen, dan kan het lastig zijn om geneste elementen (blokken in een blok) te selecteren en aan te passen.

In dit soort situaties kun je gebruik maken van een **Blokselectie (1)** tool, **Lijstweergave (2)** of **Kruimelpad (3)**.

Als je bijvoorbeeld de linkerkolom wilt selecteren om de uitlijning aan te passen, dan is de **Blokselectie** tool niet toereikend. In dat geval kun je gebruik maken van de **Lijstweergave** of het **Kruimelpad**. Klik in de paragraaf van de linkerkolom en selecteer vervolgens vanuit de **Lijstweergave** of het **Kruimelpad - Kolom**. Er verschijnt dan een **Kolom Top toolbar**.

Vanuit de **Top toolbar** is het mogelijk om een "parent blok" te selecteren.

Links van het **Paragraaf** icoon is namelijk een **Kolom** icoon te zien. Door hierop te klikken, krijg je de eigenschappen van de kolom te zien.

In de **Lijstweergave** is de gehele pagina-structuur te zien. Door een selectie te maken, navigeer je meteen naar het juiste onderdeel. De volgorde kan worden aangepast met behulp van Drag & Drop. Met behulp van de shifttoets is het mogelijk om meerdere blokken te selecteren.

Met de linkerpijl icoon ↰ kun je een bewerking ongedaan maken en met de rechterpijl icoon ↱ een bewerking herstellen.

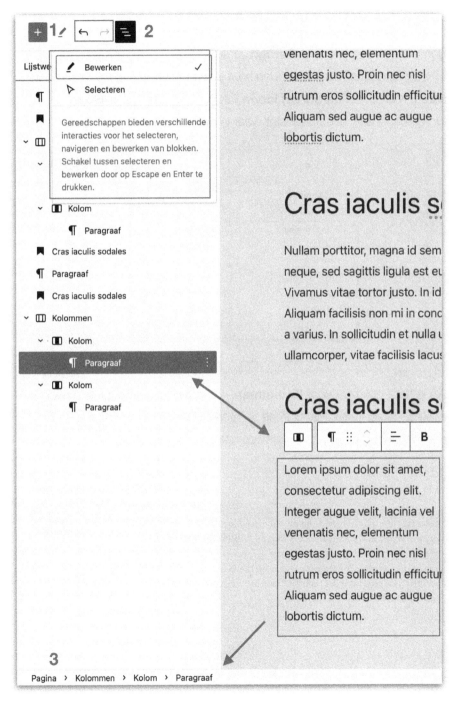

Veranderen van blok type

Ben je begonnen met een **Paragraaf** en wil je van blok type veranderen, bijvoorbeeld naar kolommen, dan hoef je het bestaande blok niet te verwijderen. Klik op het **paragraaf icoon** linksboven in de **Top toolbar**. Er verschijnt een selectievenster waar je het bloktype kunt wijzigen.

Als je hebt gekozen voor **Kolommen**, vergeet dan niet het blok in twee kolommen te verdelen. Plaats in de rechterkolom een paragraafblok en verdeel de inhoud daarna over de twee kolommen.

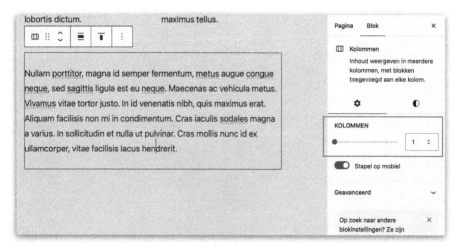

Standaard blok eigenschappen

Tekst wordt automatisch opgenomen in een **Paragraaf** blok. Na het selecteren van het blok wordt in de rechterkolom de tab **Blok** geactiveerd. Met behulp van de **instellingen** kun je de eigenschappen aanpassen.

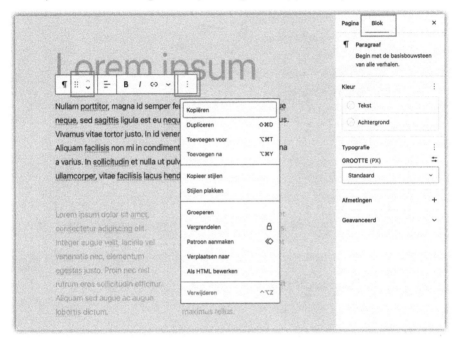

Met een **pijlicoon** vanuit de **Top toolbar** kun je de blok-volgorde verticaal aanpassen. **Slepen** is ook mogelijk (links van pijlicoon). Met **Opties** (3 puntjes) kun je het blok **dupliceren**, **verwijderen** of als **HTML** bewerken.

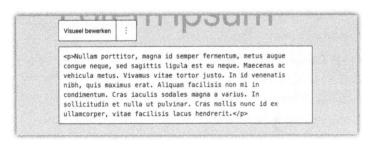

Klik daarna op **Visueel bewerken** om terug te keren.

Inline blok elementen

Inline elementen zijn eigenschappen zoals: **bold**, *cursief* en <u>koppelingen</u>.

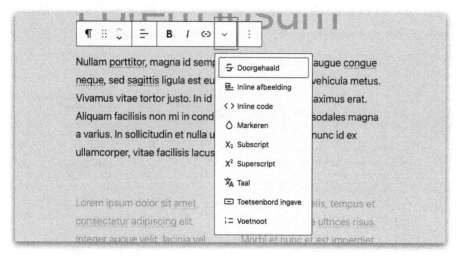

Vanuit de **Top toolbar > Meer** (V icoon), krijg je extra eigenschappen te zien, zoals: ~~Doorgehaald~~, Inline 🙂 afbeelding, Inline code, Markeren, Subscript, Superscript, Taal, Toetsenbord ingaven en Voetnoot.

Afbeelding op dezelfde regel

Plaats de cursor in tekst. Selecteer vanuit **Top toolbar > Meer > Inline afbeelding**. Daarna **Media** selecteren en **breedte** aanpassen.

> Dit is een voorbeeldpagina. Het is anders dan een blog bericht 🖼 omdat het op één plek blijft en tevoorschijn komt in je site nav... Breedte ... . De meeste mensen starten met een Over pagina dat | 35 | ↵ | site

Let op! Een inline afbeelding werkt niet in alle thema's, soms wordt een zin afgebroken. Het bovenstaande voorbeeld is uitgevoerd m.b.v. het thema *Twenty Nineteen*.

Een andere methode om een Inline afbeelding toe te voegen is door een **Emoji** te gebruiken. Er is genoeg keuze en hiervoor is geen plug-in nodig.

Ga naar emojipedia.org, **selecteer** en **kopieer** een **emoji** en **plak** deze in de tekst of titel. Op de volgende pagina's zal ik een aantal inline elementen behandelen.

Afbeelding naast paragraaf

Klik op het **+** **icoon** om een **Paragraaf** en **Afbeelding** toe te voegen. Selecteer de afbeelding en verklein deze.

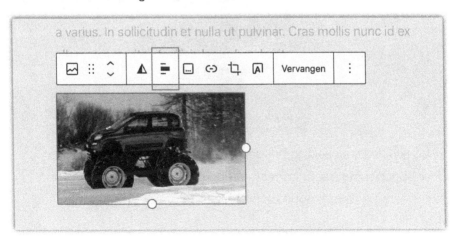

Klik daarna op een **uitlijn** knop en selecteer **links** uitlijnen.

Verplaats vervolgens de afbeelding **omhoog** met een **pijl-knop** in de **Top toolbar**. Hierboven zie je het resultaat.

Afbeeldingen naast elkaar

Met een **Galerij** kun je twee of meer afbeeldingen naast elkaar plaatsen. Maak een **Galerij** aan bestaande uit twee afbeeldingen.

Wil je een derde afbeelding toevoegen, selecteer dan het blok. Klik op **Toevoegen > Mediabibliotheek openen**. Kies een nieuwe afbeelding. Klik daarna op **Galerij updaten**. Het aantal **kolommen** wordt verhoogt naar drie.

Knoppen naast elkaar

Knoppen kunnen ook naast elkaar geplaatst worden.

Klik op het **+** icoon om **Knoppen** toe te voegen.

Nadat een knop is toegevoegd, krijg je rechts van de knop een **+** icoon te zien. Hiermee wordt een nieuwe knop **inline** (naast elkaar) geplaatst.

Koppeling

Koppelingen zijn ook inline elementen. Een handige tip om snel een koppeling te maken: kopieer de URL (Ctrl+C). Selecteer tekst of afbeelding. Plak de URL (Ctrl+V) (Apple-gebruikers: ⌘+C en ⌘+V).

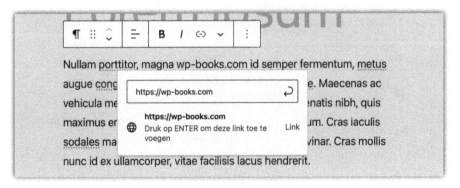

Vergeet daarna niet om aan te geven of de koppeling wel of niet in een **nieuw tabblad** geopend moet worden.

Anchor

Met HTML-ankers kun je interne links maken. Bijvoorbeeld een link om snel naar beneden te scrollen. Maak 3 paragrafen aan en **selecteer** de laatste **paragraaf**. Bij **Blok Opties > Geavanceerd - HTML Anker** plaats je één of twee woorden, zonder spaties. In dit geval **p3**.

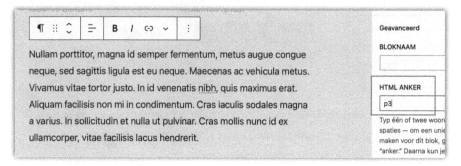

Helemaal bovenaan de pagina ga je een link maken. Plaats tekst zoals **Naar paragraaf 3**. Selecteer de tekst en maak een **interne link**. Dit kan door te beginnen met een hashtag gevolgd door de anker-naam, **#p3**.

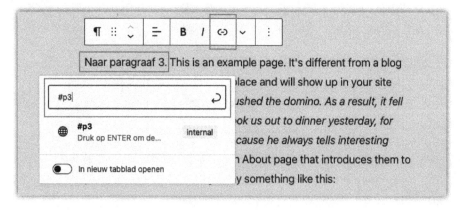

Klik op **enter**, daarna op de knop **Bijwerken** en bekijk je pagina.

Sociale pictogrammen

Sociale pictogrammen worden naast elkaar geplaatst.

Deze zijn te vinden onder **Widgets > Sociale pictogrammen**.

Nadat het blok in een pagina is ingevoegd, klik je op het **+** **icoon**. Verschillende iconen zijn te zien. Met de knop **Alles bekijken** zijn meer sociale pictogrammen te vinden.

Selecteer een aantal iconen. Klik vervolgens op een icoon om het te voorzien van een URL.

Daarna kun je nog wat blokeigenschappen aanpassen.

Selecteer het blok Sociale pictogrammen met **Lijstweergave**. Pas een aantal instellingen aan. Bij **Blok opties > Stijlen** is gekozen voor **Donkergrijs**.

Bij **Blok opties > Instellingen**:
Activeer - Links in een nieuwe tab openen.

Net als bij afbeeldingen naast een paragraaf, is het ook mogelijk om sociale pictogrammen naast een ander blok element te plaatsen.

In het voorbeeld zie je sociale pictogrammen naast een knop. Daaronder is een afbeelding naast pictogrammen geplaatst. In het voorbeeld zijn alle blokken links uitgelijnd.

Groep

Een **Groep** is een blok dat diverse blokken kan bevatten. Nadat een blok is ingevoegd selecteer je eerst een layout, b.v. **Groep: verzamel blokken in een container**. Daarna wordt een **+** icoon weergegeven.

Hiermee kun je nieuwe blokken aan het groepsblok toevoegen. De individuele blokken zijn nog steeds aanpasbaar. Je kan hierbij gebruik maken van **Lijstweergave** of het **Kruimelpad**.

Je kunt ook aaneengesloten blokken groeperen. Selecteer een aantal blokken, klik op **Opties** (drie bolletjes) en selecteer **Groeperen**.

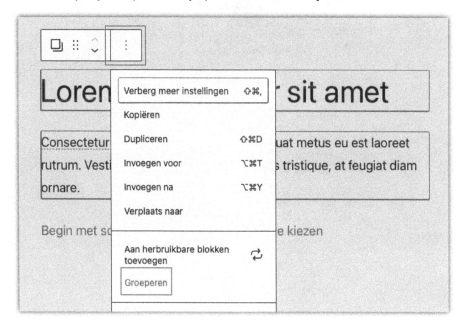

Het voordeel van een groep is dat het kan worden voorzien van een **Rand** of **Achtergrondkleur.**

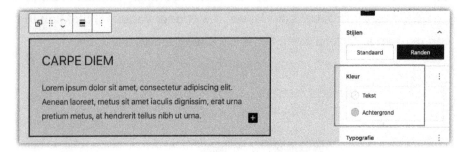

Bovendien is het eenvoudiger om een groep te kopiëren en te plakken dan losse blokken.

Met behulp van **Opties > Loskoppelen** kun je een groep omzetten naar individuele blok-elementen.

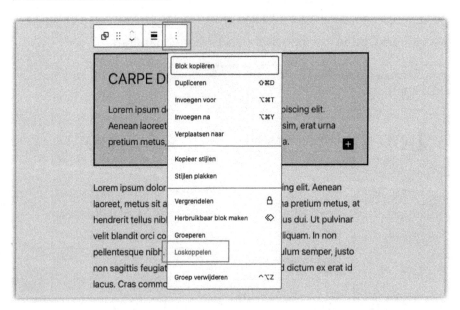

Kolommen

Dit blok is ontworpen om tekst/content horizontaal te verdelen over een pagina. Zoals je wellicht hebt gemerkt, kun je een aantal blokken met behulp van een uitlijn-tool naast elkaar plaatsen. Wanneer dit niet mogelijk is, dan kun je gebruik maken van kolommen. Het is hiermee ook mogelijk om groepen naast elkaar te plaatsen.

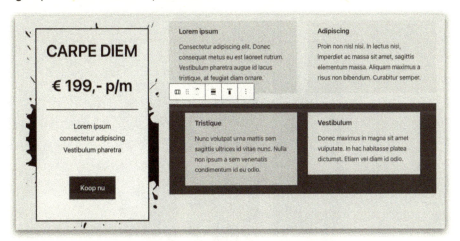

Wil je meer informatie over de blok editor, lees dan het het boek **WordPress - Gutenberg**. Hierin wordt uitgelegd hoe je:

- ▹ **Layout blokken** kunt maken.
- ▹ Een **All in One Page** maakt.
- ▹ **Parallax scrollen** kunt toepassen.
- ▹ De editor uitbreiden met **Plugins**.
- ▹ **Animatie** kunt toepassen.
- ▹ **Herbruikbare Blokken**, **Patronen** en **Templates** kunt maken.
- ▹ Werken met de nieuwe **Navigatie** en **Widget editor**.
- ▹ Blokken kunt stylen met **CSS**.
- ▹ En hoe je een Blok Thema kunt aanpassen met een **Site editor**.

BLOK EDITOR UITBREIDEN

Met WordPress kan een content-beheerder op gebruiksvriendelijke wijze content plaatsen. Het thema bepaalt de stijl en welke blok-opties beschikbaar zijn.

Met standaardblokken is het mogelijk om interessante pagina's te bouwen. Je bent niet verplicht om blokken boven op elkaar te stapelen en je aan de breedte van het thema te houden.

Wat hebben we tot nu toe gedaan? We hebben voornamelijk **blokken** boven op elkaar gestapeld. Door blokken te combineren, creëer je **lay-outonderdelen**. Met **layout-kolommen** kun je blokken en layout-blokken naast elkaar plaatsen. Door deze technieken te combineren, kun je **layout-pagina's** maken. En met behulp van standaard blokopties, HTML-ankers en plugins kun je ook **parallax** scrollen.

In sommige gevallen wil je meer. Je wilt net iets meer controle over bepaalde blok-opties of nieuwe elementen toevoegen. In dat geval kun je gebruik maken van editor-plugins. Deze plugins zijn thema-onafhankelijk en er zijn inmiddels vele beschikbaar.

Voor wie uitbreiden?

Vraag jezelf eerst af voor wie je dit gaat doen: als webbouwer of als contentbeheerder? Een webbouwer kan met deze uitbreiding layouts, herbruikbare blokken en pagina's maken. Een content-beheerder kan nieuwe content-blokken invoegen. Na het installeren van editor-plugins ontstaat er een overvloed aan blokken en opties, wat het voor een content-beheerder onoverzichtelijk kan maken. Om ze niet in de verleiding te brengen, kan een webbouwer de zichtbaarheid van blokken in- of uitschakelen via **Opties > Voorkeuren > Blokken**.

De meeste plugin-blokken (o.a. *Editor Plus*, zie afbeelding) zijn ook opgenomen in **Opties** (3 puntjes) **> Voorkeuren** - tab **Blokken**.

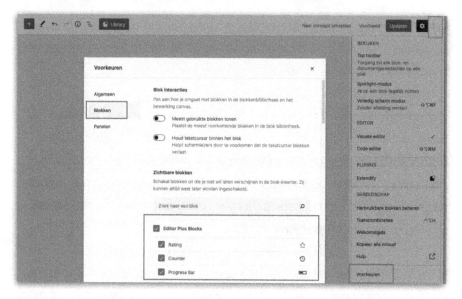

Zelfs nadat de zichtbaarheid is gedeactiveerd, blijven deze blokken actief. Een webbouwer kan gebruikmaken van de extra functionaliteit, terwijl deze voor een beheerder niet zichtbaar is.

Zoals je tot nu toe hebt kunnen zien, kun je met standaardblokken al veel bereiken. Het aantal blok-opties wordt bepaald door het thema.
Als er echter enkele ontbreken, kun je een editor-plugin installeren.

In het volgende hoofdstuk laat ik een overzicht zien van enkele plugins die je goed kunt gebruiken.

Extra blok opties

Ben je tevreden over de standaard blokken, maar wil je toch extra blok-opties, dan kun je de volgende plugins gebruiken.

Twentig, Toolkit for Twenty Twenty-One & Twenty Twenty

In dit boek wordt gebruik gemaakt van het thema **Twenty Twenty-One**. Met behulp van **Dashboard > Weergave > Customizer** en zelfgemaakte layout blokken/pagina's kun je een compleet andere look & feel creëren.

De plugin **Twentig** is speciaal gemaakt voor Twenty... thema's. Het werkt ook goed in andere Automattic thema's. Hiermee krijg je extra **blok-opties**. Met bijvoorbeeld de optie **Gutter Width - None** wordt de tussenruimte tussen kolommen uitgeschakeld. Dit is handig voor horizontaal aansluitende afbeeldingen.

94

WORDPRESS - GEVORDERD

Met **Dashboard > Weergave > Customizer - Twentig Options** kun je met o.a. **Site Layout**, Fonts, Header en Footer het thema aanpassen.

Met **Blok inserter > Patronen** beschik je over extra Patronen.

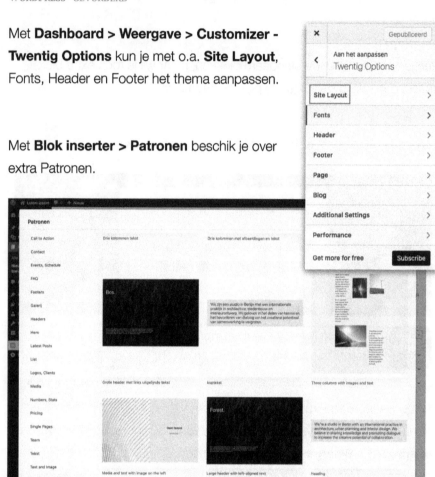

Meer info: twentig.com.
wordpress.org/plugins/twentig.

Editor Plus by Extendify

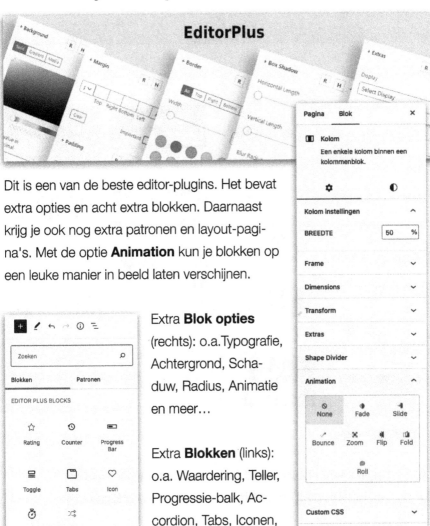

Dit is een van de beste editor-plugins. Het bevat extra opties en acht extra blokken. Daarnaast krijg je ook nog extra patronen en layout-pagina's. Met de optie **Animation** kun je blokken op een leuke manier in beeld laten verschijnen.

Extra **Blok opties** (rechts): o.a. Typografie, Achtergrond, Scha- duw, Radius, Animatie en meer...

Extra **Blokken** (links): o.a. Waardering, Teller, Progressie-balk, Ac- cordion, Tabs, Iconen, Aftellen en Lottie.

Met de plugin kun je Patronen en Layouts kopiëren en plakken naar een pagina of artikel.

Ga hiervoor naar: *https://templates.gutenberghub.com*.

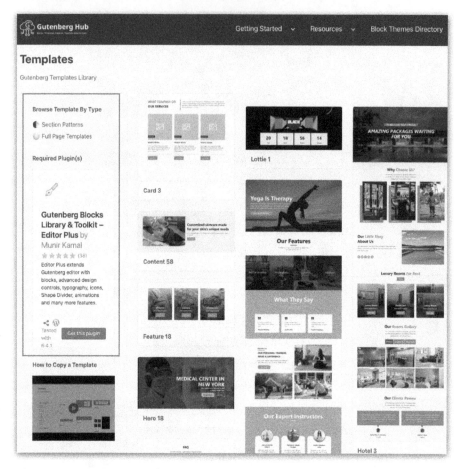

Tip: De plugin werkt goed in combinatie met de browser **FireFox**.

Kijk ook naar de plugin **EditorsKit** van dezelfde maker **Extendify**.

Meer info: *wordpress.org/plugins/editorplus*.

HERBRUIKBAAR BLOK

Met behulp van de teksteditor Gutenberg kan een gebruiker vooraf gedefinieerde blokken maken en toevoegen in Berichten of Pagina's. Deze zijn te vinden onder **Blok inserter > Patronen.**

Template maken

Ga naar **Dashboard > Pagina's > Nieuwe Pagina.** Voeg een aantal blokken toe aan je pagina. Bijvoorbeeld een paragraaf met achtergrondkleur en een rechts-uitlijnend plaatje. Met behulp van je **shift toets** selecteer je beide blokken. Ga daarna naar **blok-instellingen** (3 puntjes) en kies voor de optie: **Patroon aanmaken.** Geef je Patroon een naam b.v. **Template 1.**

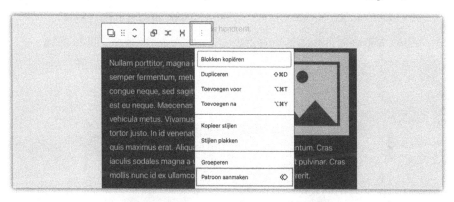

Deactiveer - Gesynchroniseerd. Klik daarna op de knop **Maken.**

Template Toepassen

Ga naar **Dashboard > Pagina's > Nieuwe Pagina**. Geef de nieuwe pagina een titel. Ga naar het **+** **icoon** en klik op de tab **Patronen**.

Selecteer **Mijn Patronen > Template 1**, een preview is rechts te zien.

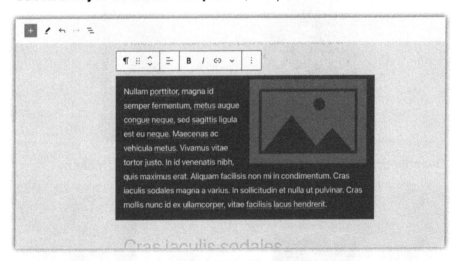

Het blok wordt toegevoegd. Klik daarna op de knop **Publiceren**. Heb je meer patronen, dan kan een gebruiker dit proces herhalen. De stijl van een patroon is verbonden aan het thema. Dit betekent dat wanneer je verandert van thema, de stijl kan meeveranderen. Tip: gebruik aangepaste kleuren in plaats van themakleuren.

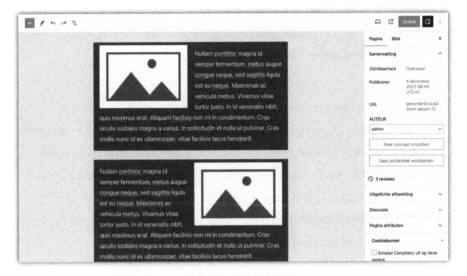

Na het plaatsen van een herbruikbaar blok kan een gebruiker de tekst en afbeelding vervangen.

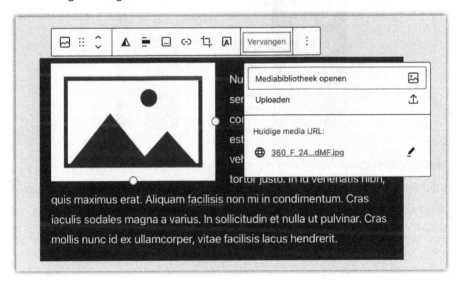

Patronen en Herbruikbaar blok.

Patronen en een herbruikbaar blokken zijn bijna hetzelfde. Wat is het verschil? Een patroon is een onderdeel van het actieve thema. Na het veranderen van een thema beschik je over andere patronen. Herbruikbare blokken kun je in alle actieve thema's gebruiken.

Patronen en Gesynchroniseerd patronen.

Je kunt een patroon bewerken direct nadat het is toegevoegd aan een pagina. Een gesynchroniseerd patroon is bijvoorbeeld een layout-blok met een knop *"Naar boven"*. Dit is een blok dat vaak wordt toegepast zonder de inhoud te wijzigen. Als je een gesynchroniseerd patroon toch wilt wijzigen, moet het eerst worden omgezet naar een regulier blok. Dit kun je doen met **Optie** (3 puntjes) **> Patronen loskoppelen**.

Het is ook mogelijk om thema patronen te maken. Wil je een WordPress-thema maken met bijbehorende patronen of wil je patronen toevoegen aan een bestaand thema, lees dan het boek **WordPress - Klassieke thema**.

Advies

Een content-template is dus opmaak binnen in de tekstverwerker.

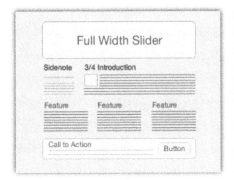
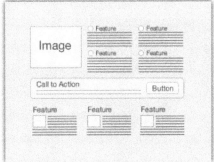

Het is geen pagina-template die je kunt selecteren vanuit Pagina-instellingen.

Een aantal opmaak tips om toe te passen:

▸ Gebruik een eenvoudige structuur, maak het niet te moeilijk.

▸ Let op spatiëring, paragrafen en verdeel tekst in leesbare blokken.

▸ Gebruik verschillende content templates.
Pagina's worden hierdoor divers en interessant.

▸ Maak gebruiksvriendelijke templates. Geef aan wat voor content wordt verwacht. Gebruik **Lorem ipsum** tekst en **placeholders**.

▸ Gebruik geen tabellen als layout-grid maar bijvoorbeeld kolommen.

▸ Probeer templates te verbeteren.

CHILD THEME

Wil je een klassiek thema uitbreiden, aanpassen of customizen, maak dan eerst een Child Theme aan. Hiermee heb je het thema veiliggesteld voor upgrades. Doe je dit niet, dan kan het zijn dat na een upgrade alle aanpassingen zijn verdwenen. De broncode wordt namelijk bij een upgrade compleet vervangen door nieuwe code. Om een thema aan te passen is CSS of PHP kennis nodig. Als een thema voldoende Custom opties heeft, is het niet aan te bevelen om een Child Theme te maken. CSS wijzigen is standaard mogelijk via de Customizer. In dit gedeelte kun je CSS-codes toevoegen.

Wil je extra PHP-functies in het thema verwerken of extra templatebestanden toevoegen, dan kun je gebruikmaken van deze methode.

> **www.wp-books.com/advanced**
> Bestand: **childtheme**   ⬇

Child theme maken

1. Om een Child Theme te maken heb je toegang nodig tot je bestanden.
2. Log in met een FTP-programma en ga naar de **wp-content** folder.
3. In de folder **themes** maak je zelf een **nieuwe folder** aan. In dit voorbeeld gaan we een Child Theme maken van **Twenty Twenty**.
4. Geef je folder een herkenbare naam, zoals b.v. **twentytwenty-child**.

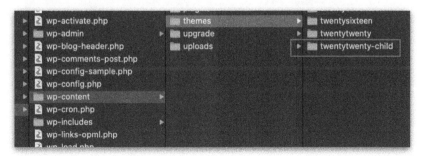

Tip: Onthoud hoe je basis thema heet in de folder **themes**. De naam van de thema is in het dashboard **Twenty Twenty**. In de folder **themes** is dit **twentytwenty**, dus zonder hoofdletter en spatie.

Een basis Child Theme bestaat uit drie bestanden:

- style.css.
- functions.php.
- screenshot.png.

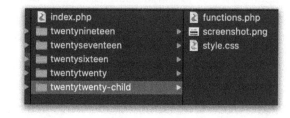

Screenshot.png

Het bestand **screenshot.png** is een kopie van het originele bestand afkomstig uit de folder **twentytwenty**.

functions.php

Het eerste onderdeel van een Child Theme is **functions.php**.
De eerste regel begint met een PHP start-tag. Daarna gevolgd door `wp_enqueue_scripts` en `theme_ enqueue_styles`. Hiermee worden de stijl-eigenschappen van het originele thema overgenomen. Daarna wordt de `child-style` ingelezen en toegepast.

```php
<?php

// this replaces the old method of @import a style sheet.

add_action( 'wp_enqueue_scripts', 'theme_enqueue_styles' );
function theme_enqueue_styles() {
    wp_enqueue_style( 'parent-style', get_template_directory_uri() . '/style.css' );
    wp_enqueue_style( 'child-style', get_stylesheet_uri(), array( 'parent-style' ) );
}

?>
```

In het CSS bestand kun je nieuwe CSS eigenschappen opnemen.

CSS bestand

De stylesheet moet beginnen met een header **/*** commentaar ***/** code.

```
/*
Theme Name: Twenty Twenty Child
Theme URI: https://wordpress.org/themes/twentytwenty/
Template: twentytwenty
Author: the WordPress team
Author URI: https://wordpress.org/
Description: Our default theme for 2020 is designed to take fu
  businesses have the ability to create dynamic landing pages
  column and fine-tuned typography also makes it perfect for t
  content will look like, even before you publish. You can giv
  color in the Customizer. The colors of all elements on your
  high, accessible color contrast for your visitors.
Tags: blog,one-column,custom-background,custom-colors,custom-l
  template,rtl-language-support,sticky-post,theme-options,thre
Version: 1.0
*/
```

Daaronder kun je extra CSS eigenschappen opnemen.

In een Child theme is het ook mogelijk om PHP wijzigingen aan te brengen. Zet een **kopie** van het originele PHP-bestand, bijvoorbeeld **footer.php**, in een Child Theme en pas dit aan.

In het volgende hoofdstuk **Child Theme Plugin** wordt uitgelegd welke regels je kunt vervangen. Het voordeel van een zelfgemaakte child theme is dat je hiervoor geen extra plugin nodig hebt. De site wordt dus niet extra belast.

Voor meer informatie:

https://developer.wordpress.org/themes/advanced-topics/child-themes.

Child Theme Plugin

Een Child Theme maken kan ook met een plugin. Met deze methode heb je geen FTP toegang tot jouw bestanden nodig. Er zijn vele Child Theme plugins beschikbaar. In dit voorbeeld gebruik ik de plugin **Child Theme Configurator**.

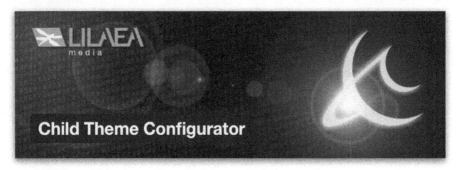

Installeren

1. Ga naar: **Plugins > Nieuwe plugin**.
2. Typ in het zoekveld *Child Theme Configurator*.
3. **Installeer** en **activeer** de **plugin**.

Gebruik

1. Ga naar: **Gereedschap > Subthema's**.
2. Selecteer **Create a new Child Theme**.
3. Selecteer een Parent Theme b.v. **Twenty Twenty**.
4. Klik op de knop **Analiseren**.

Scroll naar beneden en klik op de knop **Create New Child Theme**.

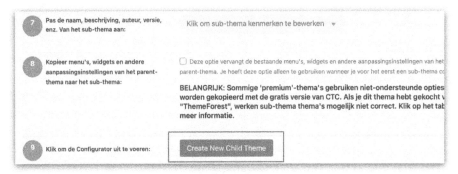

Nadat een Child Theme is aangemaakt, is het mogelijk om extra thema-bestanden aan te maken die je later kunt bewerken.

Om gebruik te maken van het nieuwe Child Theme moet het thema eerst geactiveerd worden.

Ga naar: **Weergave > Thema's** en activeer het Child Theme.

Met een Child Theme is het thema veilig gesteld voor thema-upgrades. Een Child Theme overschrijft het originele bestand en maakt gebruik van het oorspronkelijke Parent Theme.

Scroll naar boven en klik op de tab **Files**. Selecteer **footer.php**.

Klik daarna op de knop **Geselecteerde kopiëren naar Sub-theme**.

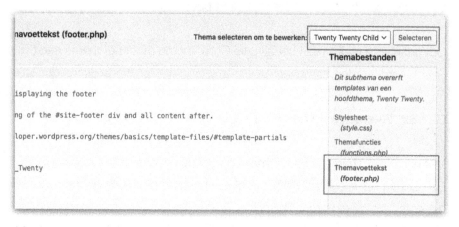

Om het bestand **footer.php** te bewerken kun je gaan naar:

Weergave > Thema editor. PHP-kennis is hiervoor wel handig.

Selecteer (rechts) je Child Theme, daarna het themabestand

Themavoettekst (_footer.php_). In de linkerkolom kun je code wijzigen.

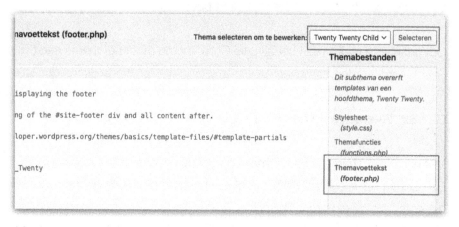

Maak eerst een **backup** van de code. Kopieer en plak dit in een tekst-bestand. Mocht je een fout maken, dan kun je hiermee de code herstellen. In het linkervenster kun je het bestand aanpassen.

Verwijder het script tussen de onderstaande tags:

<div class="footer-credits"> en **</div>** regel 21 t/m 35.

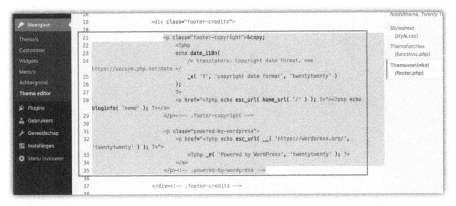

Plaats nieuwe informatie:

```php
<?php
    print "Pluk de dag - "; echo date('D, d, M, Y');
?>
```

Het script na "Pluk de dag - " genereert de huidige datum.

('D, d, M, Y') = dag, cijfer, maand en jaar. Indien gewenst,
verwijder je één van de letters om de datum aan te passen.

Klik op de knop **Bestand bijwerken** en bekijk de site.

Berichten feed
Reacties feed
WordPress.org

Pluk de dag - Mon, 25, Nov, 2019

De footer in het thema overschrijft het Parent Theme.

Na een thema-update is de aangepaste footer nog steeds te zien.

THEMA MET SJABLONEN

Een groot aantal klassieke thema's zijn voorzien van verschillende **pagina-sjablonen**. Dit is handig om binnen een standaard opmaak de indeling te veranderen. Wil je een pagina **met** of **zonder zijbalk**, dan kan dit met behulp van **pagina-attributen**. Kies bij **Template** voor b.v. **Pagina in volledige breedte** (voorbeeld thema: *Twenty Fourteen*).

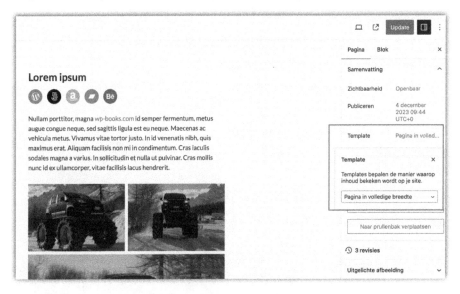

Binnen een thema kun je beschikken over verschillende sjablonen. De meeste thema's beschikken over een opmaak **met** of **zonder zijbalk**.

Soms kan gekozen worden voor een **Homepage**-sjabloon. Dit ziet er anders uit dan de rest van de site. Een Homepage bevat bijvoorbeeld een slider of banner. Een vervolgpagina maakt gebruik van een standaard opmaak.

www.wp-books.com/advanced
Bestand: **crpdm_template**

Sjabloon maken

We gaan uit van het laatst gemaakte thema, namelijk **carpediem-optimized** (crpdm_optimized). Dit thema beschikt niet over een sjabloon genaamd **Pagina in volle breedte**. Onder pagina-attributen is dit niet te zien.

Stappen:

Maak een kopie van je thema *carpediem-optimized*.

Hernoem de folder **carpediem-template**. Deze folder toont je thema bestanden.

De opmaak van de pagina is te vinden in **index.php**.

In *index.php* staat beschreven welke elementen er in de pagina staan zoals een **content** en een **sidebar** element.

Dupliceer **index.php** en noem dit **volle-breedte.php**.

Open *volle-breedte.php* in een tekstverwerker.

Een stukje code toevoegen

Voeg bovenaan het document een stukje code toe om deze pagina te herkennen als sjabloon binnen het thema.

```php
<?php
/**
* Template Name: Opmaak zonder Zijbalk, No Sidebar
*/
?>

<?php get_header( ); ?>
```

Een stukje code verwijderen

In dit document ga je een stukje code verwijderen. In deze pagina staat een element namelijk een **sidebar**. Verwijder dit uit het document.

Verwijder `<?php get_sidebar( ); ?>`

```php
<?php get_sidebar( ); ?>
<?php get_footer( ); ?>
```

Verwijder het stukje code met verwijzing naar **content.php**.

```php
<?php get_header( ); ?>

<?php
    // Start the loop.
    if ( have_posts() ) : get_template_part( 'template-parts/content', get_post_format() );
    // If no content, include the "No posts found" template.
    else : get_template_part( 'template-parts/content', 'none' );
    endif;
    ?>

<?php get_sidebar( ); ?>
<?php get_footer( ); ?>
```

Daarvoor in de plaats plak je het volledige script **The Loop**. Dit kun je kopiëren vanuit **content.php** in het mapje **template-parts**. Zorg ervoor dat The Loop omvat wordt door de tags `<section>` en `<article>`.

Nu willen we de volledige breedte aanpassen van de div `<section>`.

```php
<?php
/**
 * Pluk de dag - sjabloon: Opmaak zonder Zijbalk, No Sidebar
 */
?>

<?php get_header( ); ?>

<section id="primary" class="content-area" style="max-width:890px">
    <!-- content -->
    <article id="content">
        <!-- the loop -->
        <?php if(have_posts()) : ?>
        <?php while(have_posts()) : the_post(); ?>
        <div class="post">
            <h1><a href="<?php the_permalink(); ?>">
                <?php the_title(); ?>
            </a></h1>
            <?php the_time( 'l, F jS, Y') ?>
            <div class="entry">
                <?php the_post_thumbnail(); ?>
                <?php the_content(); ?>
                <p class="postmetadata">
                    <?php _e( 'Filed under&#58;'); ?>
                    <?php the_category( ', ') ?>
                    <?php _e( 'by'); ?>
                    <?php the_author(); ?>
                    <br />
                    <?php comments_popup_link( 'No Comments &#187;', '1 Comment &#187;', '% Comments &#187;'); ?>
                    <?php edit_post_link( 'Edit', ' &#124; ', ''); ?>
                </p>
                <br />
            </div>
        </div>
        <?php endwhile; ?>
        <div class="navigation">
            <?php posts_nav_link(); ?>
        </div>
        <?php endif; ?>
        <!-- einde the loop -->
    </article>
</section>

<?php get_footer( ); ?>
```

Ga naar `<section id="primary" class="content-area">`.
Voeg een style attribuut toe; `style="max-width:890px;"`
Dit wordt dan:

```
<section id="primary" class="content-area" style="max-width:890px">
```

Deze code zorgt ervoor dat de content-box de volledige breedte krijgt van
de layout. Als deze code niet wordt toegevoegd, lijkt het alsof de zijbalk
nog aanwezig is. Inline CSS overschrijft de stijlregels die in style.css zijn
opgenomen.

style.css

Open style.css om de Theme Name aan te passen. Hierdoor is het thema makkelijk te herkennen nadat het thema is geïnstalleerd.

```
 1   /*
 2   Theme Name: Carpe Diem - Template
 3   Theme URI: https://www.wp-books.com/advanced/
 4   Description: Carpe Diem Basic theme for WordPress
 5   Author: WJAC
 6   Author URI: https://www.wp-books.com
 7   Version: 1.0
 8   Tags: Orange, grey, white, two-columns, responsive
 9
10   License:
11   License URI:
12
```

Thema installeren en activeren

Om te zien of het sjabloon binnen dit thema werkt, **installeren** en **activeren** we het thema.

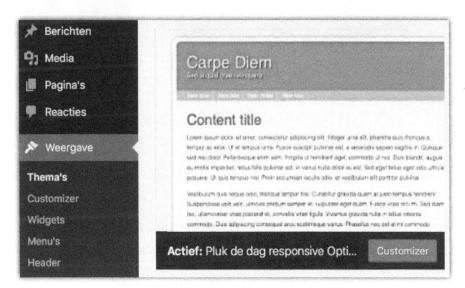

Ga daarna naar een pagina om van sjabloon te veranderen.
Dit vind je bij **Pagina-attributen - Template**.

Daarna klik je op de knop **Bijwerken**. Binnen een bestaand thema zijn verschillende sjablonen op te nemen.

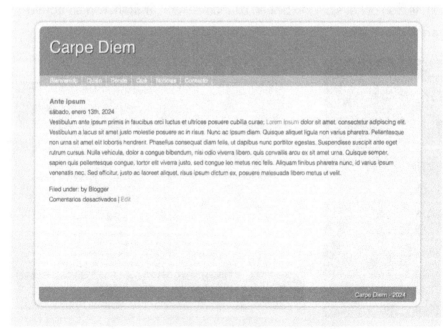

Sjabloon maken met een Child Theme

Het maken van een sjabloon kan natuurlijk ook met behulp van een Child Theme. De onderstaande beschrijving gaat uit van een zelfgemaakt Child Theme zonder plugin.

Stappen:

1. Maak een Child Theme van het thema **carpediem-optimized**.
2. Dupliceer index.php.
3. Hernoem het bestand naar *volle-breedte.php*.
4. Pas het document *volle-breedte.php* aan door een **stukje code toevoegen** en **een stukje code verwijderen** (zie hoofdstuk **Sjabloon maken**).
5. Activeer je Child Theme om een sjabloon te gebruiken.

Meer informatie over Templates binnen een thema kun je vinden in: *https://codex.wordpress.org/Page_Templates*.

HEADER SLIDESHOW

Ben je op zoek naar een slider waarin afbeeldingen elkaar opvolgen met transities dan kan je gebruik maken van MetaSlider.

Deze plugin is een van de populairste WordPress sliders en bevat verschillende typen sliders en overgangen. Je kunt verschillende slideshows aanmaken, en met behulp van een stukje shortcode is dit in elke pagina op te nemen. MetaSlider is ook als header slider te gebruiken, maar hiervoor is het nodig om de broncode aan te passen. Dit onderdeel ga ik later behandelen.

Installeren

1. Ga naar **Dashboard > Plugins > Nieuwe Plugin**.
2. Typ in het zoekveld *Responsive Slider by MetaSlider – Slider and Carousel Plugin for WordPress.*
3. **Installeer** en **Activeer** de plugin.

Ga naar **Dashboard > MetaSlider**. Selecteer **Blank Slideshow**.
Klik daarna op de knop **Create a Slideshow**.

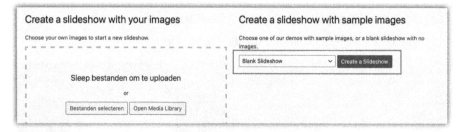

Klik daarna op de knop **+ Slide toevoegen**.
Selecteer of voeg 4 afbeeldingen toe. Klik daarna op **Opslaan**.

Vanuit het overzichtsscherm zie je al jouw slides. In de rechterkolom zie je instellingen en instructies hoe je dit kan toepassen. Het is mogelijk om je afbeelding te voorzien van een **Onderschrift** en **URL**. In de rechterkolom kun je de afmeting en slider aanpassen.

Onder **Advanced Options** zie je overige instellingen.

De slider opnemen in een **Pagina** of **Bericht**
kan met **Shortcode**.
`[metaslider id="xx"]` .
Kopieer de code, na het invoegen van het
blok **Shortcode** kun je de code plakken.

Of gebruik het blok **MetaSlider**. Selecteer na
het invoegen van het blok een Slideshow.

Klik daarna op de knop **Opslaan**.
Bekijk de site.

MetaSlider als Header-Slideshow

Als je de plugin wilt gebruiken in een thema dat geen header slideshow heeft, moet je de broncode aanpassen.

Ik heb het **Maxwell**-thema gebruikt. Het is echter beter om de functie in een **Child theme** te implementeren.

Je kunt dezelfde instructies volgen, maar in dit geval moet je de PHP-code toevoegen.

Stap 1

Ga naar **Dashboard > Weergave > Header**. Zorg ervoor dat er geen af-beeldingen worden gebruikt als header.

Stap 2

Ga naar **Dashboard > Weergave > Thema bestand editor**.
Selecteer **header.php** in de rechterkolom.

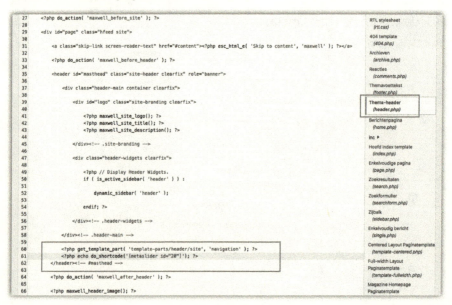

Na regel 60 invoegen:

```
<?php echo do_shortcode('[metaslider id="xx"]'); ?>
```

XX vervangen door het juiste nummer, zie shortcode.

Klik op de knop **Update Bestand**.

Stap 3

Deze stap is niet noodzakelijk, maar zal het proces voltooien. Selecteer **functions.php** in de rechterkolom. Scroll naar de onderkant van het venster. Plaats na de laatste regel de volgende commentaar-code:

```
// We've removed the header, but we still want the theme
to behave as if one is there.
```

Klik vervolgens op **Update Bestand**. Website bekijken.

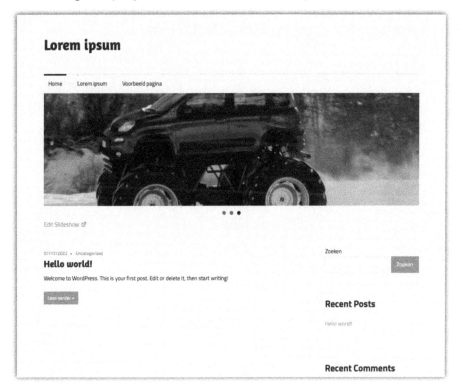

Zoals je kunt zien, kun je de volledige PHP-code gebruiken in een onbekend thema. Een header slider wordt automatisch gegenereerd nadat een slideshow is gemaakt.

Plaats de PHP-code die de shortcode bevat in het bestand **header.php**.

```
<?php echo do_shortcode('
    [metaslider id="168"]
'); ?>
```

Het moeilijkste is om uit te vinden waar de code moet worden ingevoegd. PHP-kennis kan hierbij helpen.

Meer informatie over thema-integraties:
https://www.metaslider.com/docs-category/theme-integration.

Meer informatie is te vinden op *www.metaslider.com*.

CUSTOM POST TYPES

Berichten en Pagina's zijn standaard Post Types. Met de juiste plugin is het mogelijk om een eigen "Custom" Post Type te maken. Je mag dit noemen zoals jij wilt, bijvoorbeeld *Personeel*, *Films*, *Portfolio*, enzovoort.

Deze pagina's worden in het systeem opgenomen en kunnen, net als elk ander post type, in het navigatie-menu worden opgenomen. Het voordeel van een eigen custom post type is dat het voorzien kan worden van een eigen stijl en indeling.

Een plugin die je hiervoor kunt gebruiken is **Custom Post Type UI**.

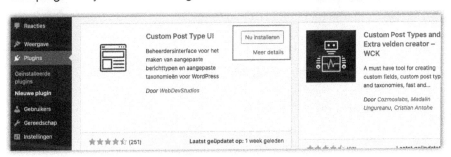

Installeren

1. Ga naar **Dashboard > Plugins > Nieuwe Plugin**.
2. Typ in het zoekveld *Custom Post Type UI*.
3. **Installeer** en **Activeer** de plugin.

In dit hoofdstuk wordt gebruik gemaakt van het thema **Twenty Sixteen**.
Is dit thema niet aanwezig, dan adviseer ik om dit eerst te installeren en te
activeren.

Toepassen

Ga naar **Dashboard > CPT UI > Toevoegen/bewerken berichttypes**
Maak een Custom Post Type aan. Noem dit **films - Films - Film**.
Klik daarna op de knop **Berichttype toevoegen**.

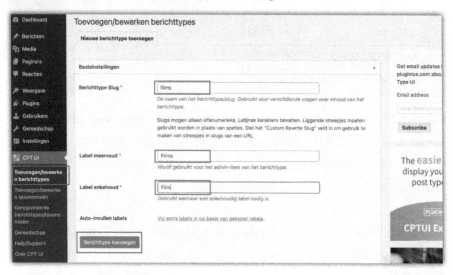

Films is nu te zien in het **Dashboard**.
Klik op de tab **Bewerk berichttype** en pas het volgende aan:

Bij **Instellingen**. Selecteer bij **Archief - Ja**.

Archief	Ja ▾	
Indien leeg gelaten, zal de archief-slug standaard de slug	*(standaard: false) Of dit berichttype een archief URL zal hebben.*	

Bij **Menu-icoon** kies je voor het een dashboard icoon.
Zoals je in het dashboard ziet is dit nu **pin-icoon**.

Met de knop **Kies dashicon** kun je kiezen voor een dashboard icoon.
Met **Kies afbeeldingspictogram** heb je toegang tot je Media Library.
Je kunt hiervoor een eigen icoon gebruiken.

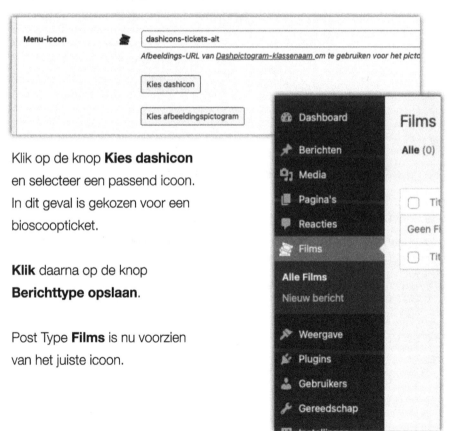

Klik op de knop **Kies dashicon**
en selecteer een passend icoon.
In dit geval is gekozen voor een
bioscoopticket.

Klik daarna op de knop
Berichttype opslaan.

Post Type **Films** is nu voorzien
van het juiste icoon.

Ga naar **Dashboard > Films > Nieuw bericht**. Je kunt hiermee een nieuw film-review toevoegen. Maak daarna nog een film-review aan.

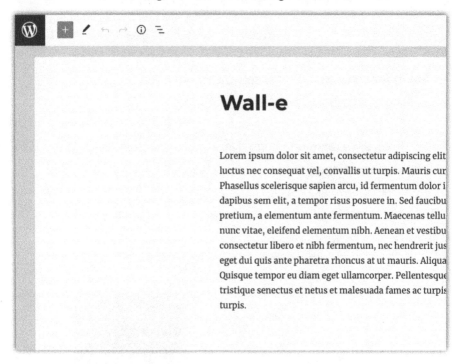

Nu ga je **Alle Films** in het navigatiemenu opnemen.

Ga naar **Dashboard > Weergave > Menu's**.

Bovenaan het scherm, klik op **Scherminstellingen** en activeer **Films**.

Hiermee is een tab **Films** toegevoegd aan het rijtje van *Pagina's, Berichten, Aangepaste links* en *Categorieën*.

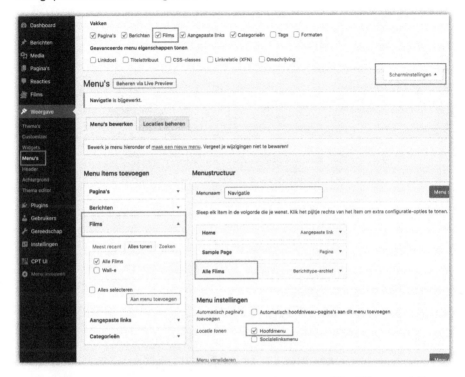

Klik op **Films** en daarna de tab **Toon alles**. Selecteer **Alle Films** en klik op de knop **Aan menu toevoegen**. Hiermee wordt het menu-item opgenomen in je navigatiemenu.

Bekijk de website.

Door op menu-item **Alle Films** te klikken, krijg je alle film-reviews op één pagina te zien. Klik je op de titel van een film-review, dan krijg je het volledig bericht te zien.

In het volgende hoofdstuk worden extra velden toegevoegd aan de Post Type **Films** in het theme **Twenty Sixteen**.

ADVANCED CUSTOM FIELDS

Met de plugin **Secure Custom Fields** is het mogelijk om extra velden toe te voegen aan een Pagina, Bericht of Custom Post Type. Op deze manier kunnen gebruikers extra informatie toevoegen, zoals bijvoorbeeld een film-rating en release-datum voor het post-type Films.

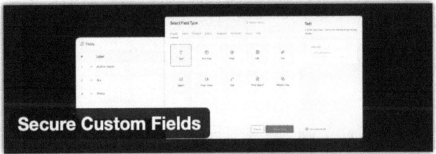

De plugin is gemaakt door WordPress, gebaseerd op de originele **Advanced Custom Fields** plugin.

Installeren

1. Ga naar **Plugins > Nieuwe plugin**.
2. Typ in het zoekveld *Secure Custom Fields.*
3. **Installeer** en **activeer** de **plugin**.

www.wp-books.com/advanced
Bestand: **scf**

Een groep aanmaken

De plugin maakt gebruik van **groepen** om extra velden toe te voegen aan een posttype. Elke groep bevat verschillende invoertypes, zoals tekst, tekstveld, WYSIWYG, afbeelding, bestand, paginalink, keuzelijst en meer...

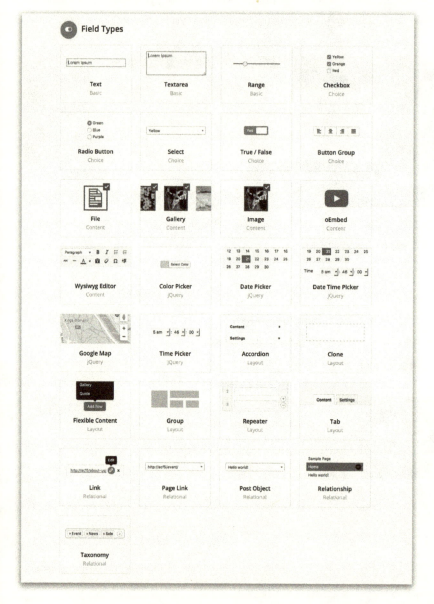

Ga naar **Dashboard > SCF > Veldgroepen > Nieuwe toevoegen**.

Maak een groep aan met de naam **Film informatie**.

Veldtype = **Datumkiezer**. Bij *Veld label* en *Veld naam* - **date**.

Bij **Instellingen - Locatieregels**: **Berichttype** gelijk is aan **films**.

Ben je klaar met het maken van het eerste veld klik dan op **Publiceren**.

Daarna een nieuw **+ Veld** toevoegen.

Veldtype = **Selecteer**.

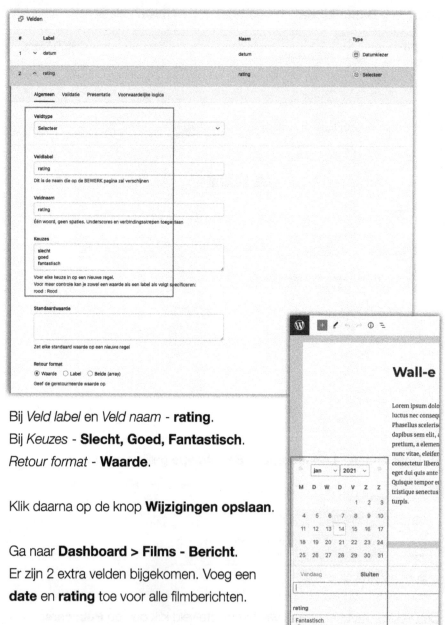

Bij *Veld label* en *Veld naam* - **rating**.

Bij *Keuzes* - **Slecht, Goed, Fantastisch**.

Retour format - **Waarde**.

Klik daarna op de knop **Wijzigingen opslaan**.

Ga naar **Dashboard > Films - Bericht**.

Er zijn 2 extra velden bijgekomen. Voeg een **date** en **rating** toe voor alle filmberichten.

Een veld weergeven

De toegevoegde velden zijn nog niet te zien in de website. Met behulp van een stukje code kun je de extra velden in een thema weergeven.

Voorbeeld code:

```php
<?php the_field('field_name'); ?>
```

Het onderdeel `'field_name'` wordt vervangen door de `'naam'` van het extra veld, in dit geval `'rating'` of `'date'`.

Er zijn veel codes beschikbaar. Deze zijn te vinden op de website van: *www.advancedcustomfields.com/resources*.

In dit hoofdstuk wordt gebruik gemaakt van het thema **Twenty Sixteen**. Is dit thema niet aanwezig dan adviseer ik om dit eerst te installeren en te activeren.

Tip: Gebruik altijd een **ChildTheme** wanneer een thema wordt aangepast (of verwerk de code in een zelfgemaakt theme).

Wil je extra velden toevoegen aan een standaard Bericht dan kun je dezelfde procedure volgen maar dan zonder het hernoemen van de beschreven bestanden:

1. Maak een Child theme van het (actieve) theme **Twenty Sixteen**.

2. Vanuit het parent-theme dupliceer de bestanden **archive.php** en **single.php** en plaats dit in het **child theme**.

3. Vanuit het child theme hernoem je de gedupliceerde bestanden: **archive-films.php** en **single-films.php**.

4. Open **archive-films.php**, pas regel 43 aan: *"content"* wordt *films*:
```
get_template_part( 'template-parts/films',
get_post_format() );
```

5. Open **single-films.php**, pas regel 20 aan: *"content"* wordt *films*:
```
get_template_part( 'template-parts/films', 'single' );
```

Vanuit het parent-theme **dupliceer** de folder **template-parts** en plaats dit in je child theme.

1. Ga naar de child theme folder **template-parts** en verwijder alle bestanden behalve **content.php** en **content-single.php**.

2. Hernoem de bestanden:
   content.php wordt **films.php**.
   content-single.php wordt **films-single.php**.

3. Open **films.php** en plak de onderstaande code na regel 17:

```
Rating: <?php the_field('rating'); ?> <br>
Release Date: <?php the_field('date'); ?>
```

4. Open **films-single.php** en plak de onderstaande code na regel 13:

```
Rating: <?php the_field('rating'); ?> <br>
Release Date: <?php the_field('date'); ?>
```

Save alle bestanden. En bekijk de site.

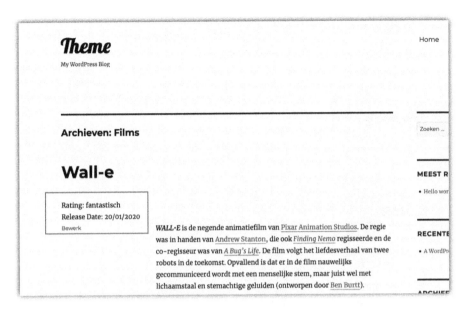

Tip: Als je een sterrenbeoordeling wilt gebruiken, plaats dan een ★ ster **emoji** in het **Keuzes**-tekstveld van het extra veld **rating**.

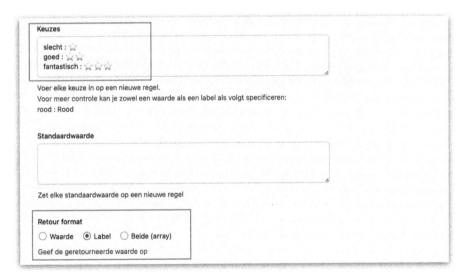

Onder **Retour format** selecteer de optie **Label** in plaats van Waarde. Klik daarna op de knop **Wijzigingen opslaan**.

Ga naar **Dashboard > Films - Berichten** om alle filmberichten te voorzien van een sterren rating en bekijk de site.

My WordPress Blog

Cars

Rating: ⭐⭐
Release Date: 20/01/2020
Bewerk

Cars is een Amerikaanse computeranimatiefilm uit 2006, onder regie van John Lasseter en Joe Ranft. Het is de zevende van de Pixar/Disney-films, en de laatste film van Pixar voordat deze door Disney gekocht werd.

Stemmen in de film worden onder andere gedaan door Owen Wilson, Paul Newman (zijn laatste niet-documentaire rol), Bonnie Hunt, Cheech Marin, Jenifer Lewis, Tony Shalhoub, John Ratzenberger, George Carlin, Larry the Cable Guy en Michael Keaton.

Meer info: *www.awesomeacf.com.*

MULTISITE

WordPress Multisite, of een netwerk van WordPress Sites, is een nieuwe functie vanaf versie 3.0. Dit maakt het mogelijk om met één installatie meerdere websites te maken en te beheren. Hierdoor is het mogelijk om instellingen, codes, plugins en thema's te delen.

Wanneer gebruik je Multisite?

Als je over verschillende onderwerpen wilt bloggen en je hebt maar één domeinnaam en webhosting, kun je gebruik maken van deze functie. Bijvoorbeeld: **www.jouwwebsite.nl/films** en **www.jouwwebsite.nl/stedentrips**. Hiermee heb je met behulp van één WordPress installatie twee verschillende websites.

Een Multisite kan handig zijn voor:

▹ Uitgeverijen, voor elke redactie een eigen blogsite.

▹ Bedrijven, voor elke vestiging een eigen website.

▹ Overheid of non-profit organisaties, voor elke afdeling een website.

▹ Personen, voor elke interesse/hobby een website.

▹ Scholen, voor elke klas een website.

Met Multisite kun je snel een netwerk van WordPress sites maken en deze beheren vanuit één centraal WordPress systeem.

Een leuke bijkomstigheid is dat het upgraden van het systeem, thema's of plugins meteen voor alle verbonden sites geldt.

Installatie van een Multisite

Installeer een WordPress site op je webhosting (of lokaal). Dit kan met een auto-installer of Installatron. Tijdens de installatieprocedure moet de optie Multi-site worden geactiveerd.

Enable Multi-site

◯ No, do not enable. Multi-site can be enabled later within WordPress. (Recommended)

◉ Yes, enable multi-site support for sub-directories of the selected install location.

Jouw systeem is hiermee Multisite ready! Je mag meteen door naar het hoofdstuk **Een nieuwe netwerksite aanmaken**.

Als deze optie niet beschikbaar is, installeer dan eerst een standaard WordPress site en activeer daarna handmatig de Multisite-functie. Gebruik hiervoor de volgende stappen:

1. Open een FTP-programma om toegang te krijgen tot je webserver.
2. Ga op zoek naar het bestand **wp-config.php**.
3. Open **wp-config.php** en voeg de onderstaande regel toe net voor
   `/* That's all, stop editing! Happy blogging. */`:

```
73   /* Multisite */
74   define( 'WP_ALLOW_MULTISITE', true );
75
76   /* That's all, stop editing! Happy blogging. */
```

Met deze code heb je een Multisite geactiveerd.

```
/* Multisite */
define( 'WP_ALLOW_MULTISITE', true );
```

Doorloop nu de volgende stappen om een multisite *"een Network van WordPress Sites"* te configureren:

1. Ga naar **Dashboard > Plugins** en deactiveer alle plugins.
2. Ga naar **Dashboard > Gereedschap > Netwerk instellen**.

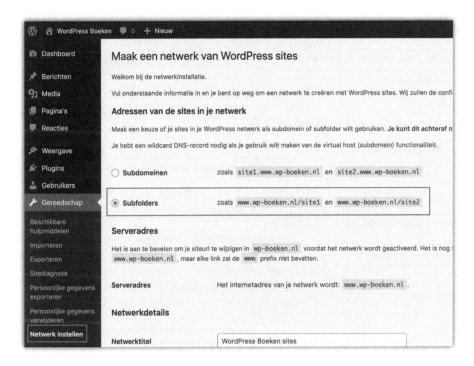

Bij **Adres van websites in uw netwerk**:

Kies voor **Submappen** (voor Subdomeinen heb je extra gegevens nodig).

Bij **Netwerktitel**: Geef je netwerk een naam.

Bij **Netwerkbeheerder e-mailadres**: Jouw e-mail adres.

Klik daarna op de knop **Installeren**.

Op het volgende scherm zie je de **code** die je nodig hebt om toe te voegen aan je **wp-config.php** en **.htaccess** bestand.

Gebruik een **FTP-programma** om de twee bestanden te bewerken. Let op! Maak eerst een backup van de aangeven bestanden.

Kopieer en **plak** de code in de aangegeven bestanden. In het scherm staat precies aangegeven waar en in welk document je de code kunt toevoegen.

Maak een netwerk van WordPress sites

Netwerk activeren

De volgende stappen afronden om de nieuwe eigenschappen te activeren om een netwerk met sites te creëren.

> **Waarschuwing:** We bevelen aan om eerst een backup te maken van de `wp-config.php` en `.htaccess` bestanden.

1. Voeg het volgende toe aan je `wp-config.php` bestand in `/home/wjacwzv166/domains/wp-boeken.nl/public_html/` bove bewerken! Veel plezier met publiceren. */ :

```
define('MULTISITE', true);
define('SUBDOMAIN_INSTALL', false);
define('DOMAIN_CURRENT_SITE', 'www.wp-boeken.nl');
define('PATH_CURRENT_SITE', '/');
define('SITE_ID_CURRENT_SITE', 1);
define('BLOG_ID_CURRENT_SITE', 1);
```

2. Voeg het volgende toe aan je `.htaccess` bestand in `/home/wjacwzv166/domains/wp-boeken.nl/public_html/` , en verva

```
RewriteEngine On
RewriteBase /
RewriteRule ^index\.php$ - [L]

# add a trailing slash to /wp-admin
RewriteRule ^([_0-9a-zA-Z-]+/)?wp-admin$ $1wp-admin/ [R=301,L]

RewriteCond %{REQUEST_FILENAME} -f [OR]
RewriteCond %{REQUEST_FILENAME} -d
RewriteRule ^ - [L]
RewriteRule ^([_0-9a-zA-Z-]+/)?(wp-(content|admin|includes).*) $2 [L]
RewriteRule ^([_0-9a-zA-Z-]+/)?(.*\.php)$ $2 [L]
RewriteRule . index.php [L]
```

Wanneer je deze stappen hebt afgerond is je netwerk geactiveerd. Je zult hierna opnieuw in moeten loggen. Inloggen

Code in **wp-config.php** toevoegen boven:

```
/* That's all, stop editing! Happy blogging. */
```

```
/* Multisite */
define( 'WP_ALLOW_MULTISITE', true );
/** toegevoegd aan wp-config.php */
define('MULTISITE', true);
define('SUBDOMAIN_INSTALL', false);
define('DOMAIN_CURRENT_SITE', 'www.wp-test.nl');
define('PATH_CURRENT_SITE', '/');
define('SITE_ID_CURRENT_SITE', 1);
define('BLOG_ID_CURRENT_SITE', 1);
/* That's all, stop editing! Happy blogging. */
```

Code in **.htaccess** toevoegen tussen:

```
<IfModule mod_rewrite.c>
```
en
```
</IfModule>
```

```
<IfModule mod_rewrite.c>

RewriteEngine On
RewriteBase /
RewriteRule ^index\.php$ - [L]

# uploaded files
RewriteRule ^([_0-9a-zA-Z-]+/)?files/(.+) wp-includes/ms-files.php?file=$2 [L]

# add a trailing slash to /wp-admin
RewriteRule ^([_0-9a-zA-Z-]+/)?wp-admin$ $1wp-admin/ [R=301,L]

RewriteCond %{REQUEST_FILENAME} -f [OR]
RewriteCond %{REQUEST_FILENAME} -d
RewriteRule ^ - [L]
RewriteRule ^([_0-9a-zA-Z-]+/)?(wp-(content|admin|includes).*) $2 [L]
RewriteRule ^([_0-9a-zA-Z-]+/)?(.*\.php)$ $2 [L]
RewriteRule . index.php [L]

</IfModule>
```

Je netwerk is nu geactiveerd en geconfigureerd.

Log opnieuw in om verder te gaan.

Een nieuwe netwerksite aanmaken.

Na het installeren van een Multisite kun je naast een hoofdsite een nieuwe netwerksite aanmaken. Vanuit **Mijn sites > Netwerkbeheer** kun je netwerksites beheren.

Ga naar **Mijn sites > Netwerkbeheer > Dashboard**.

Vanuit het nieuwe scherm kun je een nieuwe site en gebruiker aanmaken. Klik op **Een nieuwe site aanmaken**.

In dit voorbeeld is de hoofdgebruiker ook de gebruiker van de nieuwe site.

Op dit scherm geef je de nieuwe site een **Websiteadres**, een **Websitetitel** en een **Beheerder e-mailadres**. De gebruiker is in dit geval de hoofdbeheerder. De hoofdbeheerder kan zijn eigen gebruikersnaam en wachtwoord gebruiken om in te loggen. Klik op de knop **Site toevoegen**.

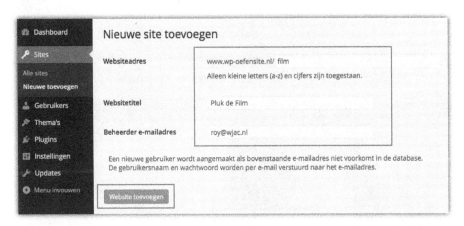

Ga naar linksboven **Mijn sites > *Websitetitel* > Site bekijken**.

Je krijgt je nieuwe netwerksite te zien.

Met een Multisite kun je instellingen, codes, plugins en themes delen met andere netwerksites die jij hebt aangemaakt. Vanuit Netwerkbeheer kun je dit allemaal regelen. Alleen de hoofdbeheerder kan themes, plugins installeren en gebruikers aanmaken.

Als voorbeeld laat ik zien hoe je meer themes beschikbaar maakt voor netwerksites. Andere instellingen, zoals plugins, werken op een soortgelijke wijze. Ga naar: **Mijn sites > Netwerkbeheer > Thema's**.

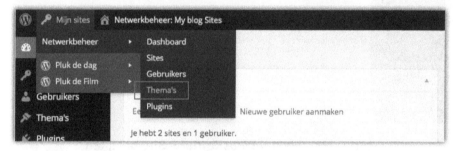

Vanuit het thema overzicht zie je *Netwerk inschakelen* staan.

Klik op **Netwerk inschakelen**. Hiermee wordt het thema toegevoegd aan alle netwerksites. Daarna kun je naar de desbetreffende netwerksite gaan om het thema te activeren.

Ga naar **netwerkbeheer > Sites**. Klik op een **Pad** (/film/).

Vanuit dit nieuwe scherm kun je het een en ander aanpassen.

Bekijk alle tabjes: **Info**, **Gebruikers**, **Thema's** en **Instellingen**.

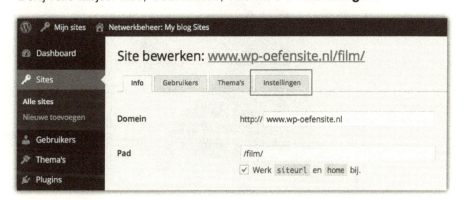

Tip: onder het tabje **Instellingen**, helemaal onderaan de pagina kan je een **upload ruimte quota** instellen. Hiermee zorg je ervoor dat een gebruiker van een netwerksite niet zomaar onbeperkt afbeeldingen kan importeren.

Wil je meer weten over de verschillende netwerk optie's, ga dan naar: *https://wordpress.org/support/forum/multisite*.

MEERTALIGE WEBSITE

Een meertalige website maken in WordPress kan met een Plugin. Mijn voorkeur gaat uit naar de plugin *Polylang*. Met Polylang is het mogelijk om een twee- of meertalige site te maken. Je schrijft op de gebruikelijke manier Berichten of Pagina's. Daarnaast geef je aan bij welke taal dit hoort.

Installeren
1. Ga naar **Plugins > Nieuwe Plugin**.
2. Typ in het zoekveld *Polylang.*
3. **Installeer** en **Activeer** de plugin.

Een installatie Wizard verschijnt. Klik op **Nu niet**.
We gaan de plugin handmatig configureren.

Gebruik

Om de plugin te configureren ga naar **Dashboard > Talen > Talen**.

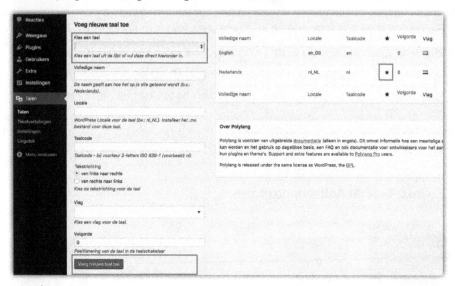

Kies een taal b.v. *Nederlands*. Klik vervolgens op de knop **voeg nieuwe taal toe**. Herhaal dit proces voor een tweede taal. Een **Ster** geeft aan wat de standaard taal is. Wil je dit veranderen ga dan met je muis over een toegevoegde taal, b.v. *English*. Je ziet vanzelf een ster verschijnen. Klik op de ster om de **standaardtaal** te wijzigen.

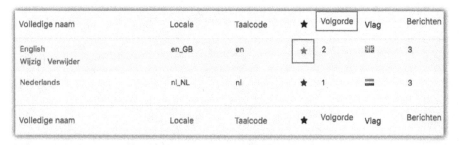

Volledige naam	Locale	Taalcode	★	Volgorde	Vlag	Berichten
English Wijzig Verwijder	en_GB	en	★	2		3
Nederlands	nl_NL	nl	★	1		3
Volledige naam	Locale	Taalcode	★	Volgorde	Vlag	Berichten

Volgorde geeft de positie van de taal in de taalschakelaar aan.

Ben je klaar klik dan op de knop **Bijwerken**.

Pagina's en Berichten aanmaken en vertalen

Maak een **Pagina** of **Bericht** aan en geef deze een **titel** en **inhoud**. Klik op de knop **Publiceren**. Vanuit tab **Pagina > Talen** klik op het **+ icoon**.

Er verschijnt een lege Pagina waarin je de vertaling kunt invoeren

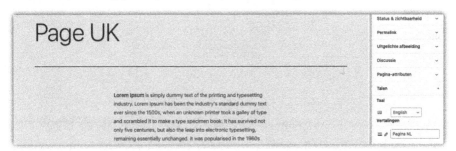

Zoals je ziet is de titel vertaald (Page UK) en nieuwe content ingevoerd.

Klik daarna op de knop **Publiceren**.

In dit geval zijn 2 pagina's aangemaakt, één Nederlandse en één Engelse pagina.

Op elke pagina is aangegeven bij welke taal deze hoort en wat de relatie is ten opzichte van de andere pagina. Op het rechter plaatje is te zien dat de Pagina met de titel *Page UK* verbonden is aan de Pagina *Pagina NL*.

Taalkeuze in het hoofdmenu opnemen

Ga naar **Dashboard > Weergave > menu's**.

Maak een **nieuw menu** aan. Geef het de naam **menu NL**. Links van *Menustructuur* zien we **Taalschakelaar** staan. Klik op de pijl om dit venster groter te maken. Van hieruit kun je **Taalschakelaar** aanvinken en op de knop **Aan menu toevoegen** klikken.

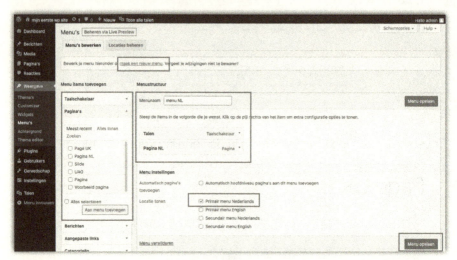

Voeg vervolgens de Nederlandse Pagina's toe aan **menu NL**. Bij **Menu instellingen** geef je aan in welke **Locatie** dit menu vertoond mag worden. In dit geval is dit **Primair menu Nederlands**. Klik daarna op de knop **Menu opslaan**.

Maak een nieuw menu aan met de naam **menu UK** en voeg de Engelse pagina's toe aan dit menu. Site locatie is **Bovenste Menu English**.

Tip: Zorg ervoor dat de **Homepage** verbonden is met de vertaalde pagina.

De **Taalschakelaar** in het menu beschikt over een aantal opties.

Klik op het **pijltje** om de opties aan te passen. Daarna het menu opslaan.

Taalkeuze in je sidebar opnemen

Je kunt ook een taalschakelaar in een Sidebar opnemen. Dit doe je met een Widget. Ga naar **Weergave > Widgets**. Plaats de **Taalschakelaar** widget in een sidebar. Ook deze widget beschikt over een aantal opties.

Klik op **Opslaan** en **bekijk** de website. Vergeet daarna niet de taalkeuze optie uit het hoofdmenu te verwijderen.

ICONEN IN NAVIGATIEBALK

Met behulp van Menu Icons is het mogelijk om menu-items te voorzien van iconen. Een menu-item wordt hiermee duidelijker voor een gebruiker. Daarnaast ziet het er ook leuker uit.

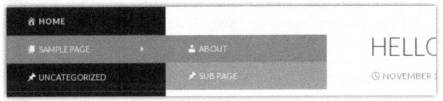

Installeren

1. Ga naar **Plugins > Nieuwe Plugin**.

2. Typ in het zoekveld *Menu Icons by Themelsle*.

3. **Installeer** en **activeer** de **plugin**.

De volgende stappen kun je uitvoeren nadat een menu is aangemaakt.

Gebruik

1. Ga naar **Weergave > Menus**.
2. Klik op een menu-item (Welkom).
3. Klik op **Icon: Select**.
4. Aan de rechter-kant zie je verschillende opmaak opties. Klik op **Select**.

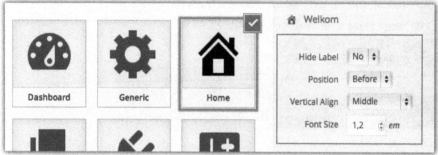

5. Klik daarna op **Menu Opslaan**.
   Zoals je ziet, kun je vanuit dit niveau een icoon ook weer verwijderen.

Bekijk de website. De navigatiebalk is nu voorzien van iconen.
Meer informatie: *https://wordpress.org/plugins/menu-icons*.

🏠 **Welkom**

📝 Webredactie

📝 Webschrijven

📑 Webteksten

👤 Profiel

🔢 Blog

webco

Focus op trair
Zoekt u een tr
haalt? Heeft u
helder webad

GRAFIEKEN

Heb je snel en eenvoudig een diagram nodig, dan kan dat met de plugin *Visualizer*. De stappen om een diagram te maken zijn eenvoudig: kies een type diagram, zoals lijn-, staaf- of cirkeldiagram, pas de gegevens aan en sla het diagram op. Vervolgens kun je het diagram toevoegen aan een Bericht of Pagina met behulp van de blok-editor.

Installeren

1. Ga naar **Dashboard > Plugins > Nieuwe plugin**.
2. Typ in het zoekveld *Visualizer*.
3. **Installeer** en **Activeer** de plugin.

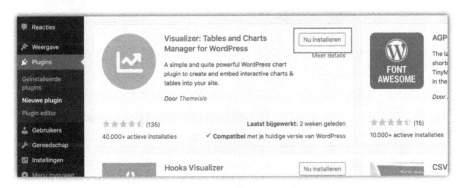

Met een Pro versie kun je volledig gebruik maken van de plugin.

De Free versie is gelimiteerd.

Diagram maken

Ga naar **Dashboard > Visualizer > Add New Chart**.

Selecteer een diagram b.v. **Pie/Donut** en klik op de knop **Next**.

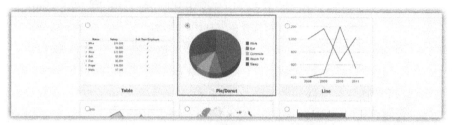

Er zijn diverse mogelijkheden om data aan te passen. Bekijk de diverse methodes. De Pro versie beschikt over **Import data from file** of **URL**.

In rechterkolom vindt je diverse opties. Klik op de knop **Edit Data** en pas de gegevens aan.

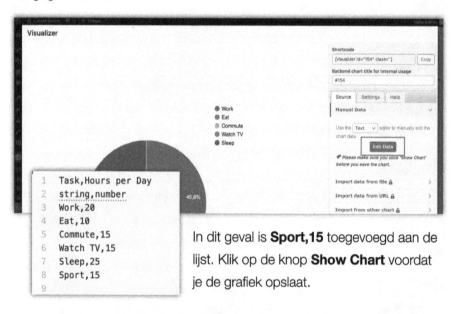

In dit geval is **Sport,15** toegevoegd aan de lijst. Klik op de knop **Show Chart** voordat je de grafiek opslaat.

Klik daarna op de knop **Create Chart** onderaan het scherm.

Er wordt een overzichtsscherm weergegeven.

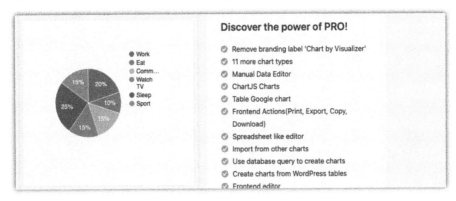

Plaatsen van een Diagram

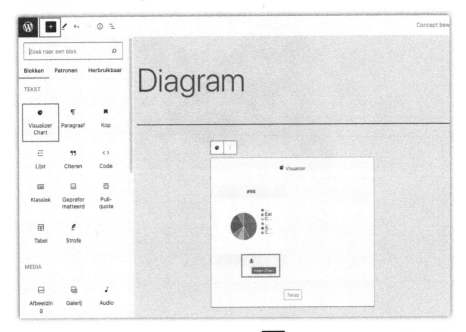

Maak een nieuwe **Pagina** aan. Klik op het **+** **icoon** en selecteer **Visuali-zer Chart**. Selecteer een diagram. Klik op **Insert chart** daarna op de knop **Publiceren**. Bekijk de Pagina.

BOEKINGSKALENDER

Heb je een beschikbaarheids- en boekingskalender nodig voor b.v. het verhuren van een vakantiehuis, dan kan dit met de plugin **Booking Calendar**.

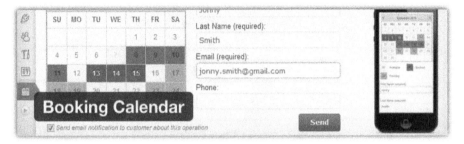

Installeren

1. Ga naar **Dashboard > Plugins > Nieuwe Plugin**.

2. Typ in het zoekveld *Booking Calendar* (Door wpdevelop, oplugins).

3. **Installeer** en **Activeer** de plugin.

Toepassen

Maak een nieuwe **Pagina** aan. Vanuit de tekstverwerker, klik op **Booking Calendar**. Een Block Element is geplaatst.

Klik op de knop **Configure Booking Calendar Block**.

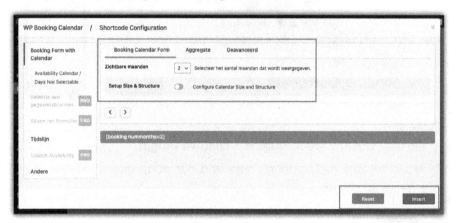

Selecteer een aantal **Zichtbare maanden** en **Start maand** (zie tab Geavanceerd). Neem de gegevens over. Klik op de knop **In pagina invoegen**.

klik op **Click to edit** om het formulier te wijzigen.
Publiceer en bekijk de pagina.

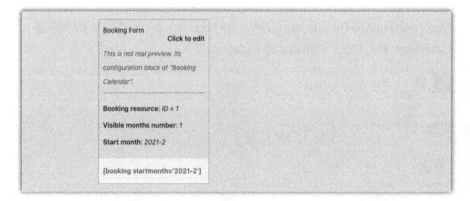

Je ziet nu een kalender met bijbehorend formulier. Om het boekingssysteem te testen, kun je een aantal dagen selecteren (door erop te klikken) en het formulier invullen.

Na het klikken op de knop **Verzenden**, krijgt de bezoeker een bevestiging te zien.

Dank u. We zullen u zo spoedig mogelijk een bevestiging sturen.

Nadat de reservering is verstuurd, wordt er automatisch een bevestigings-e-mail verstuurd.

Gereserveerde dagen zijn oranje gekleurd. Na bevestiging worden deze rood.

Ga naar **Dashboard > Booking Calendar**.
Het aantal nieuwe boekingen zijn in het Dashboard te zien.

Boeking bevestigen

Je krijgt het onderstaande boeking te zien. Klik op de knop **Accepteren**.

De label verandert dan naar **Geaccepteerd** en er wordt automatisch een bevestiging naar de klant verstuurd..

Instellingen

Ga naar **Dashboard > Booking Calendar > Instellingen**.

Onder de tab **Algemeen** - **Kalender** kun je o.a. het uiterlijk, maand en type dagselectie aanpassen.

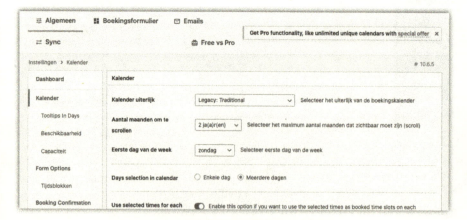

Onder de tab **Boekingsformulier** kun je o.a. **CAPTCHA** activeren en het "*Dank u*" bericht aanpassen.

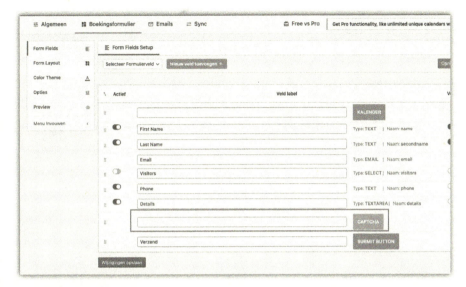

Formuliervelden

Onder de tab **Boekingsformulier** *Activeer* of *deactiveer* je bepaalde formuliervelden. Configureer labels of maak verplichte velden aan.

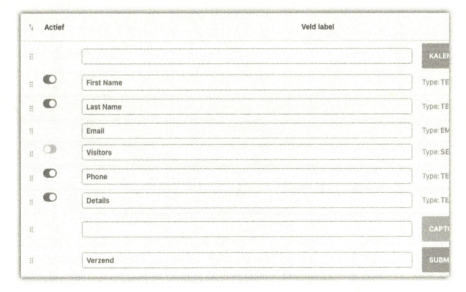

Onder de tab **Emails** kun je het boekingsbericht aanpassen.

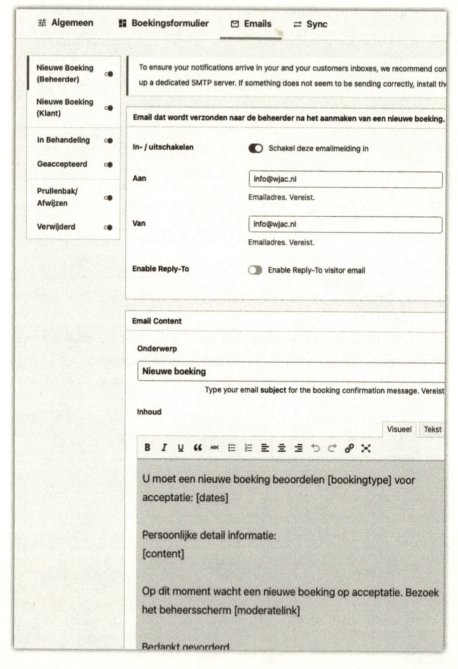

Eigen boekingen

Met behulp van **Dashboard > Booking Calendar > Eigen Boekingen** is
het mogelijk om een aantal dagen te reserveren voor jezelf of voor een
klant. Selecteer één of meer dagen vanuit de kalender en vul het formulier
in.

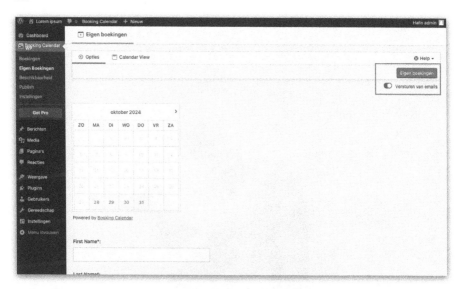

Klik daarna op de knop **Eigen boekingen** rechtsboven.

De plugin is ook te gebruiken in combinatie met *iDeal*.

In dat geval mag je de betaalde versie gebruiken.

De kosten beginnen vanaf 39,- dollar.

Meer info: *www.wpbookingcalendar.com*.

EVENEMENTENKALENDER

Wil je bezoekers op de hoogte stellen van diverse evenementen, dan kun je gebruik maken van een evenementenkalender.

Installeren

1. Ga naar **Dashboard > Plugins > Nieuwe Plugin**.
2. Typ in het zoekveld *The Events Calendar.*
3. **Installeer** en **Activeer** de plugin.

Gebruik

Na activatie ga je automatisch naar:

Dashboard > Evenementen > Instellingen.

De plugin-maker wil graag data verzamelen. Klik op de knop **Skip**.

Ga naar **Dashboard > Evenementen > Instelingen**. Je ziet een scherm met 7 tabs. Bekijk de instellingen en pas dit aan waar nodig.

Onder het tabje **Algemeen** is het handig om de **URL-slug** te vertalen naar het Nederlands. Onder **Weergave** is gekozen voor **Default styles**. Met een Premium versie beschik je over meer functies.

Evenement aanmaken

Ga naar **Dashboard > Evenementen > Nieuwe toevoegen**.

Klik op de knop **Nieuwe toevoegen**.

Plaats een **titel**, **content** en een **uitgelichte afbeelding**. Zoals je hebt opgemerkt gebruikt de plugin een andere tekstverwerker.

Bij **The Events Calendar - TIJD & DATUM** geef je een datum aan.

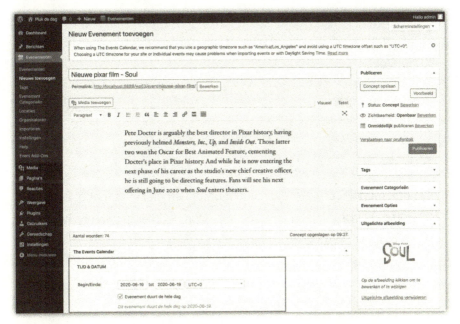

Klik daarna op de knop **Publiceren**.

Kalender vertonen

Om de kalender te vertonen ga naar:

Dashboard > Weergave > Menu.

De kalender is beschikbaar als menu item.

Klik op **Evenementen**. Selecteer de tab **Alles tonen** en selecteer **Evenementen**. Voeg dit toe aan het menu.

Het is ook mogelijk om één *evenement* op te nemen in het menu. Zorg dat het menu gekoppeld is aan een locatie binnen het thema (Twenty Twenty). In dit geval is dit *Desktop Horizontaal Menu*.

Bekijk de website.

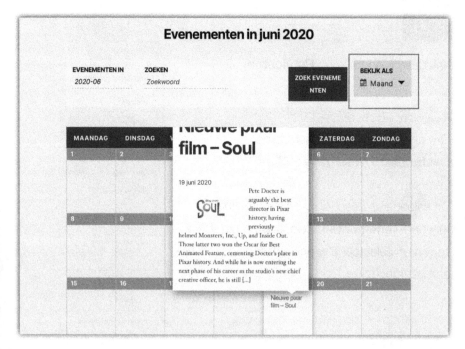

Klik op een evenement-link en het volledige bericht is zichtbaar.

Wil je meer weten over deze plugin ga dan naar:

www.theeventscalendar.com.

ANDER LETTERTYPE

Wanneer je kiest voor een standaard of basisthema, wordt er meestal ge-
bruikgemaakt van één lettertype. Wil je echter andere of meerdere lettertypes toepassen, dan kan dat bijvoorbeeld met **Google Webfonts**. Met
deze techniek kun je gebruikmaken van een groot aantal lettertypes die
door Google beschikbaar worden gesteld.

Het eerste wat je kunt doen, is naar **fonts.google.com** gaan om één of
meerdere lettertypes te kiezen.

In dit geval is gekozen voor het lettertype *Lo! ter*. Onthoud deze naam.

De volgende stap is het installeren van een plugin waarmee je Google-fonts
kunt gebruiken. Er zijn verschillende plugins beschikbaar. In dit geval is gekozen voor de plugin **Easy Google Fonts**.

Installeren

1. Ga naar **Dashboard > Plugins > Nieuwe Plugin**.
2. Typ in het zoekveld *Easy Google Fonts.*
3. **Installeer** en **Activeer** de plugin.

Gebruik

Ga naar **Dashboard > Weergave > Customizer**.

De Customizer is voorzien van een nieuwe optie, genaamd **Typography**.

Ga naar **Typography > Default Typography**.

Als je gebruik maakt van het thema **Twenty Twenty**, ga dan naar **Heading 2** - tabblad **Styles** en kies bij **Font Family** voor **Lobster**.

De titel van een bericht in het rechtervenster past zich meteen aan. Het is mogelijk om verschillende lettertypes op verschillende elementen toe te passen. Tip: maak er geen kermis van. Zorg voor een goede leesbaarheid.

Met de tab **Appearance** kun je de **Font Color**, **Font Size**, **Line height** en **Letter Spacing** aanpassen. In het onderstaande voorbeeld is dit toegepast bij een titel van een Pagina (**Heading 1**).

Klik op de knop **Publiceren** en bekijk de website.

UPLOADGROOTTE

Wil je een afbeelding uploaden dat groter is dan de maximale uploadgrootte, dan kun je het volgende doen. Ga naar het DirectAdmin pannel van je
webhost (b.v. Vimexx) en klik op **Select PHP version**.

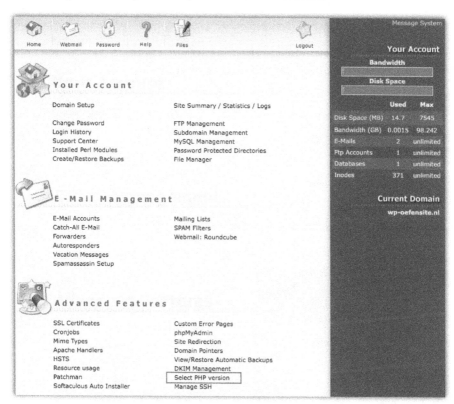

Klik daarna op de knop **Show PHP Settings**.

(Met **Current PHP version** kun je de PHP versie instellen, hoger is beter.)

Bij **upload_max_filesize** kies je de gewenste uploadgrootte.

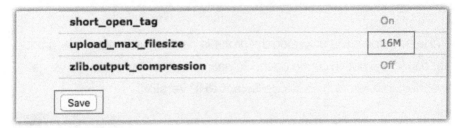

Klik daarna op de knop **Save**.

Op deze manier belast je niet de WordPress-website.

Als jouw admin-paneel niet de mogelijkheid biedt om de uploadgrootte aan te passen, neem dan contact op met je webhost.

Maak je gebruik van een andere webhost en is het niet zo eenvoudig om de uploadgrootte aan te passen, dan kun je gebruik maken van de plugin **Increase Maximum Upload File Size** van Imagify.

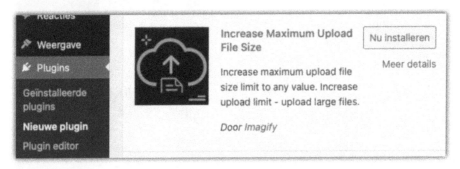

Nadat de plugin geïnstalleerd en geactiveerd is kun je via **Dashboard > Instellingen > Increase Maximum Upload File Size** de gewenste uploadgrootte aangeven.

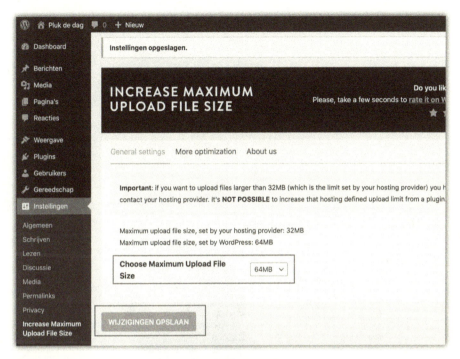

Vergeet daarna niet om op de knop **WIJZIGINGEN OPSLAAN** te klikken.

Voor meer informatie ga naar:

https://wordpress.org/plugins/upload-max-file-size.

CONTENT IMPORT - EXPORT

Als WordPress gebruiker weet je inmiddels hoe je een WordPress systeem kunt installeren, configureren en migreren. Heb je alleen content nodig, dan kan dit met de **Export** en **Import** functie. Met deze methode verhuis je alleen Berichten, Pagina's en Afbeeldingen.

Exporteren

1. Ga naar een Wordpress site waarvan je de content wilt exporteren.
2. Ga dan naar **Dashboard > Gereedschap > Exporteren**.
3. Selecteer **Gehele inhoud**.

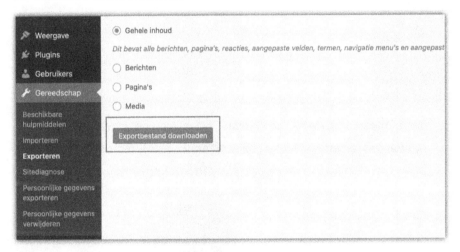

4. Klik op **Exportbestand downloaden**.

In je downloadfolder krijg je een XML-bestand te zien. Bewaar dit bestand! Dit gebruik je later om content van de oude website te gebruiken in een nieuwe WordPress site.

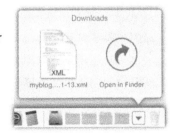

Importeren

1. Ga naar de Wordpress site waarvan je de content wilt importeren.
2. Login en ga naar **Dashboard > Gereedschap > Importeren**.
3. Selecteer **WordPress**.

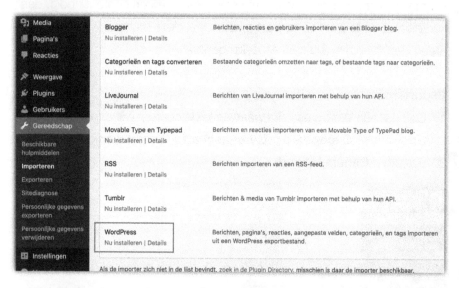

WordPress kan content van diverse CMS systemen importeren. Is de optie **Importeren** niet te zien onder **Dashboard > Gereedschap**, ga dan naar **Plugins** om de plugin; **WordPress Importer** te installeren.

4. Vanuit dit nieuwe scherm kun je de plugin **WordPress Importer** installeren.

   Klik daarna op de knop **Nu installeren**.

5. Na installatie kies je voor **Begin met importeren**.

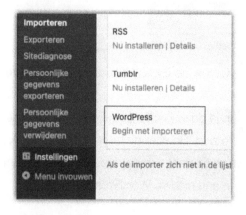

6. Vanuit het venster kies je met **Kies Bestand** jouw XML document.

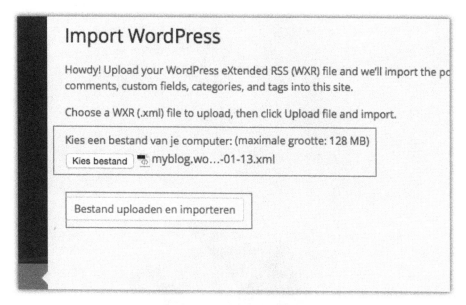

7. Klik vervolgens op **Bestand uploaden en importeren**.

Met het importeren heb je alleen pagina's en berichten binnengehaald.
Site onderdelen zoals een thema of plugins mag je opnieuw installeren.

ANIMATIE

Met behulp van animaties kun je op een leuke en duidelijke wijze een verhaal overbrengen. Door blokken op een subtiele wijze te laten verschijnen, wordt informatie in delen doorgegeven aan een bezoeker. Zo kun je bijvoorbeeld tekst, afbeeldingen of groepen in een vastgestelde volgorde laten opkomen. Een bezoeker wordt niet meteen met het hele verhaal geconfronteerd.

Met behulp van de plugin **Editor Plus** is het mogelijk om animatie toe te passen. Nadat de plugin is geactiveerd zijn de instellingen te vinden onder **Blok-opties**. Daarnaast beschikt het ook over animatie blokken zoals o.a. een **Teller** en **Progressie Balk**. Deze vind je in de blok-bibliotheek ▊ .

Let op! Animaties gaan pas werken als het blok in beeld verschijnt.

Installeren
1. Ga naar **Dashboard > Plugins > Nieuwe Plugin**.
2. Typ in het zoekveld *Gutenberg Blocks Library & Toolkit – Editor Plus.*
3. **Installeer** en **Activeer** de plugin.

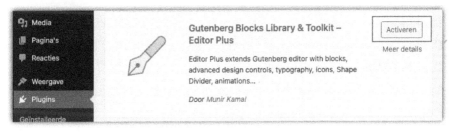

Ga naar **Dashboard > Pagina's > Nieuwe Pagina**.

Maak een pagina op dat bestaat uit een Heading (Kop) met daaronder twee Paragrafen in kolommen.

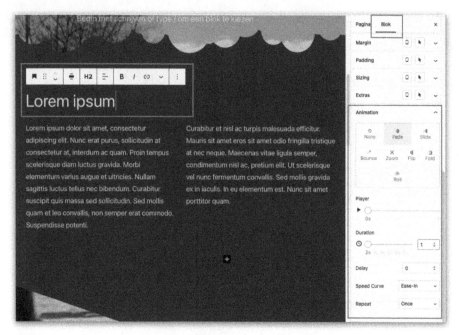

Selecteer de **Titel** (Heading blok). Ga daarna naar **Blok optie - Animation** en selecteer de optie **Fade**. Zoals je kunt zien zijn er nog een aantal andere animatie effecten. Heb je voor een **Slide** effect gekozen dan zie je extra animatie opties.

Hieronder alle **Animation** opties:
Player, animatie afspelen.
Direction, animatie richting.
Delay, hiermee kun je aangeven wanneer een animatie mag beginnen.
Duration, tijdsduur van animatie.
Speed Curve, transitie-snelheid (b.v. snel beginnen, langzaam eindigen).
Repeat, herhalen van animatie.

Neem de bovenstaande instellingen over.
Klik daarna op de knop **Updaten** en bekijk je site.

Herhaal dit proces voor de twee **Paragrafen**. Om er voor te zorgen dat niet alle blokken in één keer verschijnen, ga je gebruik maken van de optie **Delay**.

Selecteer de **linker-paragraaf** en kies voor: **Slide** effect. **Direction - omhoog**. **Delay** - **1** seconde.

Selecteer daarna de **rechter-paragraaf.** Gebruik dezelfde instellingen. **Delay** wordt **2** seconden.

Klik op de knop **Updaten** en bekijk je site.

Plugin homepage: *https://nl.wordpress.org/plugins/editorplus*. Meer informatie: *https://wpeditorplus.com*.

MEDIA INSLUITEN

In het hoofdstuk "Tekstverwerker uitbreiden" heb je gelezen hoe eenvoudig het is om een Google Map op te nemen in een pagina of bericht. Insluit-code is niet meer nodig.

WordPress heeft vanaf versie 5.0 met behulp van de nieuwe teksteditor Gutenberg een gebruiksvriendelijke methode geïntroduceerd om onder andere een externe artikel, Tweet, Facebookbericht of YouTube-film aan een website toe te voegen.

Het insluiten van een extern artikel bespaart veel tijd. Je hoeft in dit geval niet het hele artikel over te nemen. Het invoegen van een URL is voldoende. Aan de voorkant van de site wordt een alinea vertoond en voorzien van een uitgelichte afbeelding. Het is wel aan te raden om het ingesloten artikel te voorzien van bronvermelding.

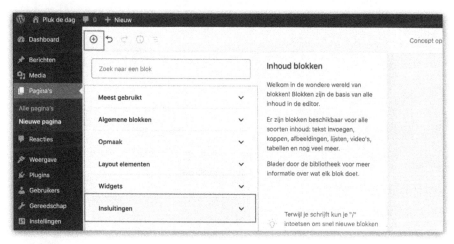

Gebruik

Maak een nieuwe Pagina of Bericht aan.

Klik op het **+** **icoon** (linksboven) en kies voor de optie **Insluiten**.

Vanwege veiligheidsredenen kan niet elke URL worden opgenomen. Gelukkig zijn er voldoende opties aanwezig.

Artikel insluiten

Kopieer een URL van een externe website. Klik op het blok **Insluiten** en plak dit in het tekstveld. Klik daarna op de knop **Insluiten**.

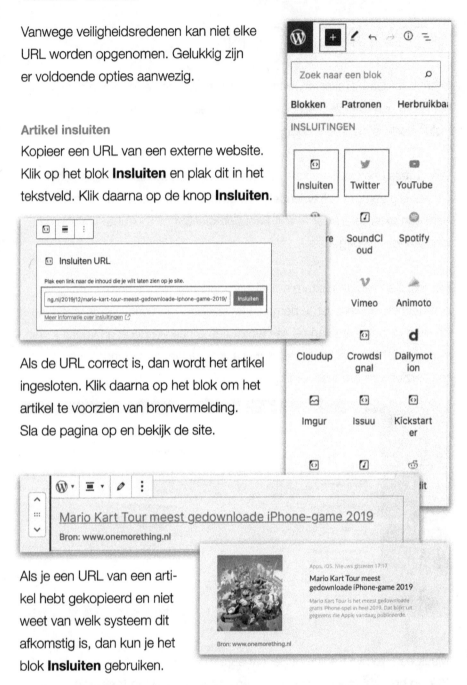

Als de URL correct is, dan wordt het artikel ingesloten. Klik daarna op het blok om het artikel te voorzien van bronvermelding. Sla de pagina op en bekijk de site.

Als je een URL van een artikel hebt gekopieerd en niet weet van welk systeem dit afkomstig is, dan kun je het blok **Insluiten** gebruiken.

WordPress bepaalt of het artikel ingesloten kan worden. Is dit niet het geval, dan heb je de mogelijkheid om de URL om te zetten naar een link.

Weet je wel waar de URL van afkomstig is, dan kun je hiervoor andere insluit-blokken gebruiken.

Twitter insluiten

Met het Twitter-blok is het mogelijk om een enkele Tweet of een gehele pagina te embedden. Wil je een pagina insluiten, kopieer dan de Twitter URL bijvoorbeeld *https://twitter.com/wordpress* en plak deze in het blok.

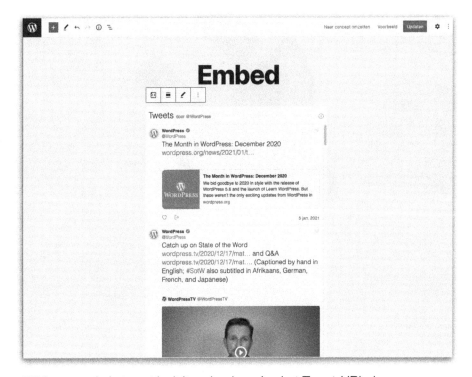

Wil je een enkele tweet insluiten, kopieer dan het Tweet-URL, b.v. *https://twitter.com/WordPress/status/123456*.

WEBSITE OPTIMALISEREN

Heb je een trage website of is deze in de loop der tijd trager geworden, dan wordt het tijd om er iets aan te doen. Om het laad-proces van de website te versnellen kun je een aantal stappen ondernemen, bijvoorbeeld:

▸ Laat de site hosten door een webhost die zijn servers heeft geoptimaliseerd voor WordPress-systemen (b.v. WP hosting van Vevida of Savvii).

▸ Gebruik efficiënte thema's. Als je een thema hebt met overbodige opties die je niet gebruikt, wordt het tijd voor een efficiënter thema.

▸ Verwijder gedeactiveerde plugins.

▸ Optimaliseer afbeeldingen door te kiezen voor het beeldformaat **jpg** voor foto's en **gif** of **svg** voor lijntekeningen.

▸ Leeg de prullenbak.
Verwijder oude afbeeldingen, berichten en pagina's.

▸ Versnel de website met een cache-plugin.

▸ Verwijder onnodige gegevens uit de database.

Om te zien hoe snel jouw website is, ga naar: *https://tools.pingdom.com* of *https://developers.google.com/speed/pagespeed/insights*.

In de volgende hoofdstukken laat ik een aantal plugins zien die je kunt gebruiken om een site te versnellen.

Sitediagnose

Een sitediagnose toont informatie over je WordPress-configuratie en andere onderdelen die aandacht vereisen.

Gebruik

Ga naar **Dashboard > Gereedschap > Sitediagnose**.

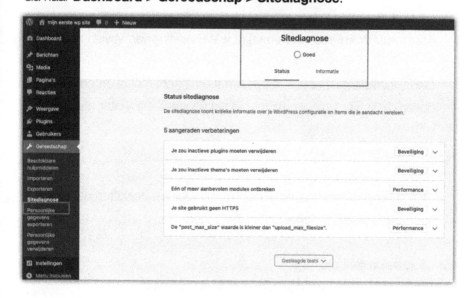

Een site-scan wordt uitgevoerd. Bovenaan de pagina wordt de gezond-heidsstatus van de site aangegeven.

Onder de tab **Status** wordt advies gegeven over hoe je de site-performance kunt verbeteren. Klik op een onderdeel voor meer informatie.

In dit geval wordt bijvoorbeeld aanbevolen om inactieve plugins en thema's te verwijderen.

Tab **Informatie**

Op deze pagina is informatie te zien over de configuratie van de website.

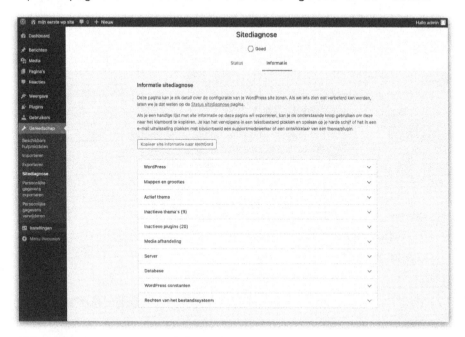

Klik op een item voor meer informatie.

Kopieer site informatie naar klembord

Als je een lijst met alle informatie op deze pagina wil exporteren, dan kan dat met deze knop. Je kunt het vervolgens in een tekstbestand plakken en opslaan. Handig voor ontwikkelaars.

Site sneller laden met een Cache Plugin

WordPress genereert de opgevraagde pagina's door gebruik te maken van de cache van de server. Met de W3 Total Cache plugin kun je je website in een paar eenvoudige stappen versnellen.

Installieren

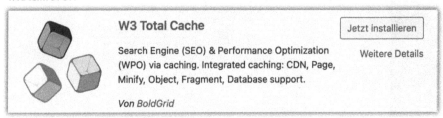

1. Ga naar **Dashboard > Plugins > Nieuwe plugin**.
2. Typ in het zoekveld *W3 Total Cache.*
3. **Installeer** en **Activeer** de plugin.

W3 Total cache adviseert om één cache-plugin te gebruiken. Het gebruik van meer dan één cache-plugin kan het laden van een site vertragen.

Gebruik

Ga naar **Dashboard > Prestaties > Algemene Instellingen**.

Een **Instelling gids** verschijnt.

Klik op **deze installatiehandleiding overslaan**.

Ga wederom naar **Dashboard > Prestaties > Algemene Instellingen**. Bovenaan in het scherm staan koppelingen waarmee je naar het juiste onderdeel kunt scrollen. Zoals je ziet zijn er veel opties mogelijk. Van de belangrijkste opties volgt een korte toelichting.

Cache is een opslagplaats waarin gegevens tijdelijk worden opgeslagen om sneller toegang tot deze data mogelijk te maken.

General

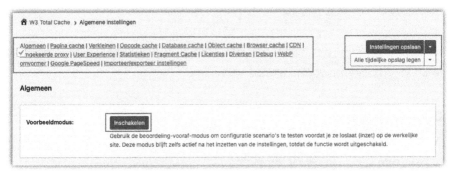

Gebruik de **Voorbeeldmodus** om configuratie te testen voordat je ze vrijgeeft op de echte website. De voorbeeldmodus blijft actief, zelfs nadat de instellingen beschikbaar zijn gemaakt, totdat de functie wordt gedeactiveerd.

Pagina cache

Pagina's worden door de webserver in een cache opgeslagen. Cachemethodes zijn al standaard ingesteld, maar kunnen worden gewijzigd.

Verkleinen

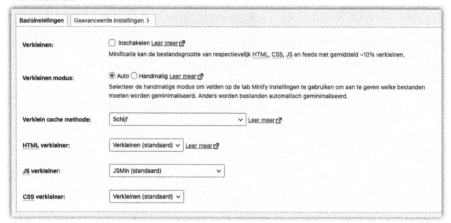

Laadtijd is te verkorten door CSS- en JavaScript-bestanden te optimaliseren. Onnodige data wordt hiermee verwijderd.

Opcode cache

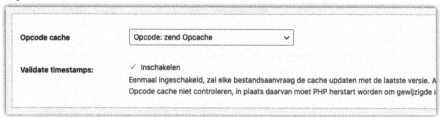

PHP-scripts worden opgeslagen in de cache. Hiermee wordt PHP sneller toegepast.

Database cache

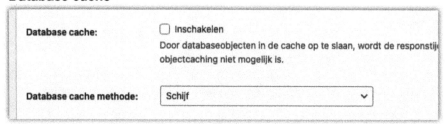

Database informatie wordt in de cache van de webserver opgeslagen.

Object cache

Veelgebruikte functies worden in de cache van de webserver opgeslagen.

Browser cache

De cache van een internetbrowser wordt geactiveerd.

CDN

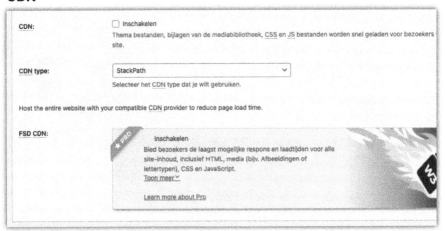

Met **C**ontent **D**elivery **N**etwork wordt gekeken naar dichtstbijzijnde cloud-servers om externe content in te laden.

Omgekeerde proxy

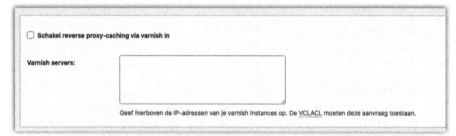

Bepaalt of inhoud kan worden opgeslagen en gegenereerd.

Gebruikerservaring (User Experience)

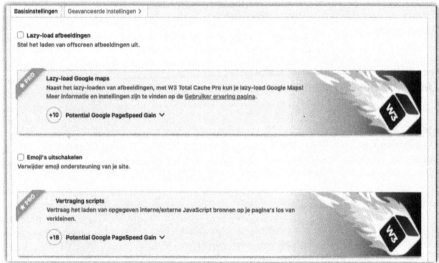

Met Lazy loading wordt eerst tekst ingeladen daarna afbeeldingen.

Licenties

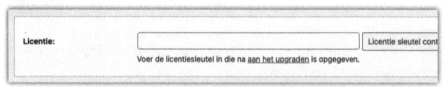

Met deze optie kun je gebruik maken van Upgrade-opties (Pro versie).

Statistieken

Met deze optie kun je gebruik maken van verschillende applicaties, waarmee je de performance van de site kunt bijhouden en waarmee je kunt zien waar eventuele knelpunten zitten.

Debug

Je kunt debugging activeren om cache fouten in het systeem te achterhalen. Het is beter om deze optie te **deactiveren**.

WebP omvormer

De WebP Converter kan gebruikt worden om WebP-afbeeldingen te maken die uitstekende lossless en lossy compressie bieden.

Diversen

Nginx server
configuratiebestand pad

Indien leeg wordt het standaard pad gebruikt..

☑ Controleer herschrijfregels
Waarschuwen bij fouten in de server configuratie, als deze optie is uitgeschakeld, is de server configuratie voor actieve instellingen te vinden op de tab install.

☐ Schakel bestandsvergrendeling in
Niet aanbevolen voor NFS systemen.

Met deze optie kun je onder andere een Google Page Speed API-sleutel gebruiken. Als je hier geen gebruik van wilt maken, **deactiveer** deze dan.

Import/Export-instellingen

Configuratie importeren: Kies bestand   geen bestand geselecteerd   [Uploaden]
Upload en vervang het actieve instellingenbestand.

Configuratie exporteren: [Download]
Download het actieve instellingenbestand.

Configuratie resetten: [Standaard instellingen terugzetten]
Alle instellingen terugzetten naar standaardwaarden. Instellingen die je opvoerde in voorbeeld modus worden niet gewijzigd.

Met deze optie kun je instellingen importeren, exporteren of resetten.

W3 Total Cache geeft geen garantie dat een website sneller wordt geladen. Het kan zijn dat bepaalde instellingen niet goed werken met je webhosting. In dat geval kun je één of meer cache-opties uitzetten.

Om te controleren of de W3TC-aanpassing goed werkt, kun je Google Pagespeed Insights gebruiken:
https://developers.google.com/speed/pagespeed/insights.

Meer info: *www.wordpress.org/plugins/w3-total-cache*.

Afbeeldingen optimaliseren

Door het optimaliseren van alle afbeeldingen kan een site sneller laden.
Een plugin die je hiervoor kunt gebruiken is **EWWW Image Optimizer**.

Deze plugin optimaliseert alle afbeeldingen die in de mediabibliotheek
staan. Het zorgt ervoor dat de hoeveelheid data van beeldbestanden klei-
ner wordt, waardoor afbeeldingen sneller laden.

Installeren

1. Ga naar **Dashboard > Plugins > Nieuwe plugin**.
2. Typ in het zoekveld *EWWW Image Optimizer.*
3. **Installeer** en **Activeer** de plugin.

Gebruik

Ga naar **Dashboard > Instellingen > EWWW Image Optimizer**.

In dit scherm zie je al jouw standaard instellingen. Je hoeft niets te wijzigen. Nieuwe afbeeldingen die in de mediabibliotheek worden geïmporteerd worden **automatisch geoptimaliseerd**.

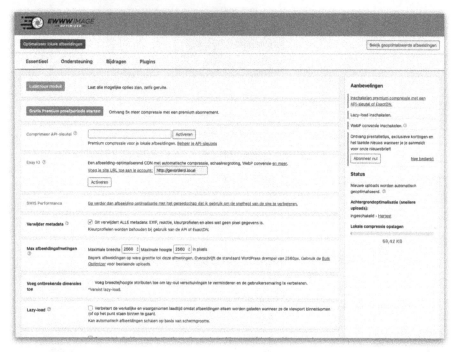

Optimaliseren van bestaande media afbeeldingen

Voor het optimaliseren van bestaande afbeeldingen ga je naar:

Dashboard > Media > Bulk Optimaliseer.

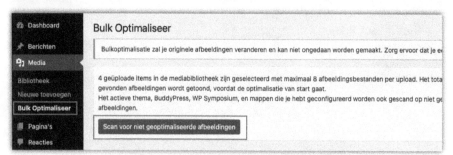

Klik op de knop **Scan voor niet geoptimaliseerde afbeeldingen**.
WordPress geeft aan dat er een aantal afbeeldingen klaar staan om te optimaliseren. Klik daarna op de knop **Optimaliseer X afbeeldingen**.

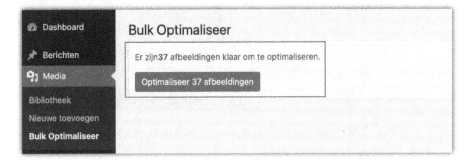

Alle niet geïmporteerde afbeeldingen worden geoptimaliseerd.
In het overzicht wordt aangegeven wat er aan de data is verminderd.

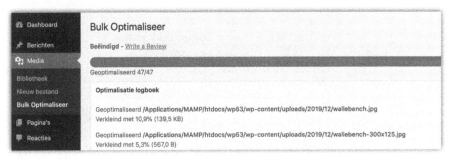

Na het optimaliseren hoef je niets op te slaan.

Meer info: *https://wordpress.org/plugins/ewww-image-optimizer*.

Database optimaliseren

Je kunt een website ook versnellen door de database op te schonen. Je kunt hiervoor ook een plugin gebruiken.

Installeren

WP-Optimize – Cache, Compress images, Minify & Clean database to boost page speed & performance

Activeren

Meer details

Get caching and more with this powerful cache plugin. Cache, optimize images, clean your database and minify for maximum performance.

Door David Anderson, Ruhani Rabin, Team Updraft

1. Ga naar **Dashboard > Plugins > Nieuwe plugin**.
2. Typ in het zoekveld *WP-Optimize Cache, Clean, Compress*.
3. **Installeer** en **Activeer** de plugin.

Gebruik

Ga naar: **Dashboard > WP-Optimize > Database**.

Vink aan welke instellingen je wil optimaliseren of verwijderen.

Klik op **Alle geselecteerde optimalisaties uitvoeren**.

De database werd vervolgens geoptimaliseerd.

Met deze plugin is het ook mogelijk om de website te versnellen en afbeeldingen te comprimeren. Ga hiervoor naar:

Dashboard > WP-Optimize > Afbeeldingen.

Dashboard > WP-Optimize > Cache.

Dashboard > WP-Optimize > Minify.

Tip: Gebruik de plugin niet in combinatie met andere optimalisatie-plugins. Het gebruik van meerdere cache-plugins kan het laden van een website vertragen.

Nadat je de database hebt geoptimaliseerd, klik je op **Tabellen**.

Je kunt de knop **Verwijderen** gebruiken om inactieve plugins uit de database te verwijderen.

Meer info: *https://wordpress.org/plugins/wp-optimize*.

GEBRUIKERSNAAM EN WACHT-
WOORD VERGETEN

Het kan wel eens voorkomen dat je de WordPress gebruikersnaam en wachtwoord bent vergeten. Of misschien wil je de gebruikersnaam "admin" veranderen. Met behulp van phpMyAdmin is het mogelijk om dit aan te passen.

1. Log in op het ControlPanel van de webhost en ga op zoek naar **phpMyAdmin**.

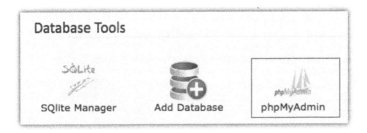

2. Vanuit phpMyAdmin selecteer je aan de linkerzijde de database van de betreffende WordPress installatie.

3. Kies aan de linkerzijde de tabel **wp_users**. (in dit voorbeeld zie je overigens een andere prefix nl. *pp_users*).

4. Zoek de gebruiker, bijvoorbeeld de gebruiker **admin**.

Selecteer deze kolom met **Selecteer alles** en klik op **Veranderen**.

5. Onder **Waarde** (Value) **- user_login**: vul een nieuwe gebruikersnaam in.

Onder **Waarde** (Value) **- user_pass**: vul een nieuw wachtwoord in.

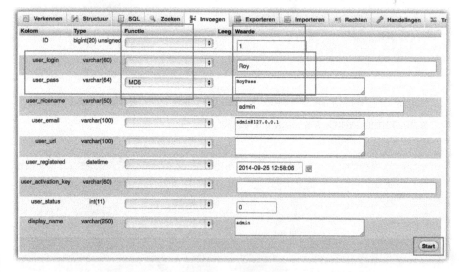

6. Onder **Functie** (Function) **- user_pass**, kies voor **MD5** (encryptie).

7. Klik daarna op **Start**.

Je gebruikersnaam en wachtwoord zijn aangepast.

Ga naar de website om met de nieuwe inloggegevens in te loggen.

Het is niet mogelijk om vanuit de dashboard een gebruikersnaam te veranderen. Een wachtwoord aanpassen kan wel.

Met behulp van phpMyAdmin is het wel mogelijk om een gebruikersnaam aan te passen.

BACKUP

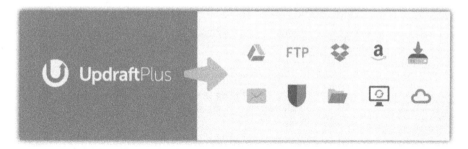

Een webhost maakt regelmatig backups van websites. Wil je hiervan niet afhankelijk zijn, maak dan gebruik van de plugin **UpdraftPlus WordPress Backup Plugin**. Met deze plugin kun je zelf eenvoudig een backup maken.

Daarnaast kun je snel terugkeren naar een vorige opgeslagen versie.
Met behulp van een instellingen kun je aangeven waar je een backup wilt bewaren, dit kan in de cloud of op je eigen computer.

Installeren
1. Ga naar **Dashboard > Plugins > Nieuwe Plugin**.
2. Typ in het zoekveld *UpdraftPlus WordPress Backup Plugin*.
3. **Installeer** en **Activeer** de plugin.

Gebruik

Ga naar **Dashboard > UpdraftPlus**.

Voor een handmatige backup, klik op de knop: **Nu een backup maken**.

Een popup venster verschijnt. Hierin wordt aangeven dat een backup wordt gemaakt van de database en WordPress bestanden. Daaronder kun je aangeven dat je een backup handmatig mag verwijderden.

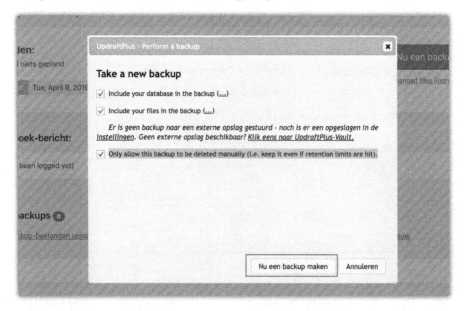

Neem de instellingen over en klik op de knop **Nu een backup maken**.

Een backup is opgeslagen. Met de knop **Terugzetten** is het mogelijk om
weer terug te keren naar een vorige versie.

Met behulp van de tab **Instellingen** kun je aangeven waar de eerstvolgende backup wordt opgeslagen.

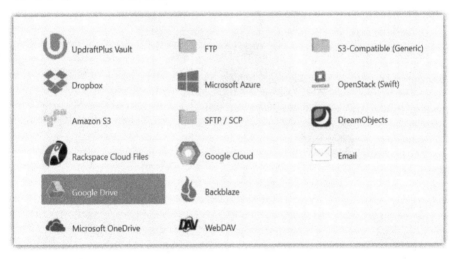

Met de gratis versie is het alleen mogelijk om handmatige backups te
maken. Wil je gebruik maken van de volledige versie waarmee je onder andere automatische backups kunt maken, dan kun je de plugin upgraden
naar een Premium versie.

Meer info: *https://updraftplus.com*.

WELK THEMA IS DIT?

Heb je een leuke WordPress site gezien en je vraagt je af welk thema
of plugins zijn gebruikt, ga dan naar: **whatwpthemeisthat.com**.

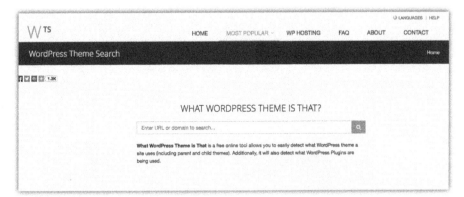

Typ het adres in het zoekveld en de online tool laat zien welk actieve thema
en plugins worden gebruikt. Ben je zelf geïnteresseerd in een bepaalde
plugin dan kan je met deze tool snel achterhalen waar je dit kan vinden.

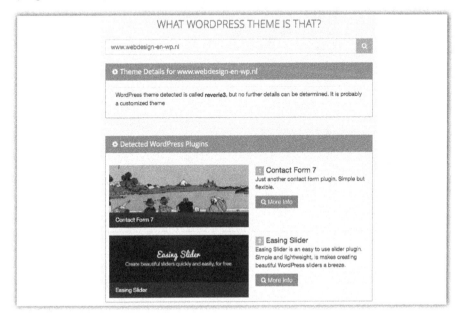

TOT SLOT

Na het doorlopen van dit boek beschik je over de nodige kennis om zelfstandig de functionaliteit van een WordPress site te vergroten. Dankzij de inhoud van dit boek ben je in staat om verschillende aspecten aan te pakken, zoals het beveiligen van je site, het ontwerpen van thema's en sjablonen, het creëren van child-thema's, het opzetten van een MultiSite-configuratie, het beheren van inhoud en media op meer geavanceerde wijze, het toevoegen van pictogrammen aan de menubalk, het uitbreiden van de blokeditor, het aanmaken van aangepaste post-types en het implementeren van geavanceerde extra velden. Bovendien leer je hoe je back-ups kunt maken, inloggegevens kunt resetten, een meertalige site kunt opzetten, je site kunt optimaliseren en nog veel meer...

Zoals ik in het begin van dit boek heb vermeld, is dit boek praktisch en direct toe te passen. Ik hoop dat ik je een solide basis heb gegeven.

Ik wens je veel plezier met WordPress!

Voor meer informatie kun je terecht op de volgende websites:
WordPress Informatie:
codex.wordpress.org.
nl.forums.wordpress.org.

OVER DE SCHRIJVER

Roy Sahupala, multimedia-specialist

" Multimedia-specialist is maar een titel. Naast het maken van multimedia-producten geef ik al meer dan 26 jaar webdesign-training en blijf ik het leuk vinden als mensen enthousiast worden doordat ze in een korte tijd veel meer kunnen dan ze vooraf voor mogelijk hielden. "

Na zijn opleiding industriële vormgeving, is Roy opgeleid als multimedia-specialist. Daarna is hij werkzaam geweest bij verschillende multimedia-bureaus. Sinds 2000 is hij gestart met zijn bedrijf WJAC, With Jazz and Conversations. WJAC levert multimediaproducten voor zeer uiteenlopende klanten en reclamebureaus.

Vanaf 2001 is Roy naast zijn werkzaamheden ook actief als trainer en heeft in samenwerking met verschillende internet opleidingen diverse webdesign trainingen opgezet.

WordPress boeken geschreven door Roy Sahupala:

https://www.amazon.nl/s?k=roy+sahupala